经管文库 · 管理类

前沿 · 学术 · 经典

# 考虑通勤者出行方式选择的辅助公交路径优化问题研究

RESEARCH ON PARA-TRANSIT ROUTING OPTIMIZATION CONSIDERING COMMUTERS' CHOICE OF TRAVEL MODE

关 蕾 著

经济管理出版社

ECONOMY & MANAGEMENT PUBLISHING HOUSE

**图书在版编目（CIP）数据**

考虑通勤者出行方式选择的辅助公交路径优化问题研究/关蕾著 .—北京：经济管理出版社，2023.11
ISBN 978-7-5096-9471-8

Ⅰ.①考… Ⅱ.①关… Ⅲ.①城市交通—交通运输管理—研究 Ⅳ.①U491.1

中国国家版本馆 CIP 数据核字(2023)第 223378 号

组稿编辑：杨国强
责任编辑：杨国强　白　毅
责任印制：黄章平
责任校对：张晓燕

出版发行：经济管理出版社
（北京市海淀区北蜂窝 8 号中雅大厦 A 座 11 层　100038）
网　　址：www. E-mp. com. cn
电　　话：(010) 51915602
印　　刷：唐山玺诚印务有限公司
经　　销：新华书店
开　　本：720mm×1000mm/16
印　　张：10.75
字　　数：152 千字
版　　次：2023 年 12 月第 1 版　　2023 年 12 月第 1 次印刷
书　　号：ISBN 978-7-5096-9471-8
定　　价：98.00 元

# 前　言

随着城市人口的快速增长，居民大量的通勤行为加剧了城市的交通拥堵和环境污染。在此背景下，辅助公交（Para-transit）成为居民通勤的新型方式。辅助公交目前的主要形式有小汽车拼车、公司通勤班车、定制公交等。辅助公交出行方式的推广有助于打造多元、舒适、低碳的交通模式，提高通勤效率。优化辅助公交车辆运营管理、提高服务质量、减少运营成本一直以来都是业界和学术界的研究热点。通勤者是辅助公交的服务对象，提升辅助公交系统中通勤者的出行体验，是提高辅助公交企业竞争力的重要途径。本书从辅助公交运营商的角度出发，研究考虑通勤者选择行为的辅助公交路径优化问题，有助于相关企业进行科学决策，推进辅助公交系统的良性发展。

本书研究了考虑通勤者行为的辅助公交路径优化问题。首先，分析了辅助公交典型模式中小汽车拼车、公司通勤班车和定制公交的运营特征，分别剖析了三种服务模式中通勤者的选择行为。其次，根据各个问题的特性及目标分别建立了多目标优化、协同优化、双层优化的数学模型。在此基础上，根据各问题的性质，设计开发精确算法、启发式算法和改进的元启发式算法。再次，对每个问题的实例进行实验，验证算法的有效性。最后，对优化模型中通勤者出行方式选择的相关影响因素参数进行了敏感度分析，得出了相应的管理启示。本书主要的研究工作如下：

（1）研究了考虑通勤者出行方式选择的小汽车拼车匹配和路径优化问题。同时考虑车辆成本和乘客服务质量，分析了有限理性通勤者在多次拼车中感知价值的变化，建立了一个基于累积前景理论的双目标优化模型，在求解过程中，基于模型特点，分析了该问题的结构化性质，提出了一个启发式算法来解决小规模的算例。同时，基于该问题的 NP-hard 性质，提出一个混合的 VNS-NSGAII 算法用于解决大规模算例。另外，利用真实数据集的数据，设计对比实验，实验结果表明，所提算法优于其他基线算法。此外，针对模型中的通勤者出行方式选择影响因素进行了敏感度分析，得出了相应的管理启示。

（2）研究了考虑通勤者需求和车辆行程时间随机的通勤班车路径优化问题。针对通勤班车问题的特点，考虑随机的行程时间和乘客需求，提出了一个以最大化通勤班车利润为目标的站点选择和路径优化的协同算法框架。在数据准备阶段，提出了一种改进的 FCM（Fuzzy C-Means）聚类算法，该算法可以获得更有效的通勤者聚类。在问题优化阶段，开发了一种新的启发式随机动态规划方法 H-SDP，解决了最优站点选择的子问题，同时，设计了一种改进的 VNS（Variable Neighborhood Search）算法对车辆路径和站点位置进行协同优化。设计了一系列的计算实验，验证了所提出算法相比其他基线算法在求解本问题上的优势。此外，针对模型中通勤者出行方式选择的影响因素进行了敏感度分析，得出了相应的管理启示。

（3）研究了考虑通勤者出行方式选择的定制公交站点选择和路线优化问题。考虑了通勤者出行方式选择的影响因素，建立了一个以最大化定制公交利润为目标的站点选择和路径优化的双层优化模型。在求解阶段，提出一个合并站点算法，对轨迹聚类算法的聚类结果进行进一步处理，获得合适的 OD

区域。设计了一个动态规划算法 DP-MinCir 解决车辆最优路径的上层问题。同时，提出了一个启发式算法 VNS-KM，解决了站点数量和乘客步行距离均衡的下层最优站点问题。结合真实出租车数据进行实验分析，实验结果证明了所提算法的优势。此外，还分析了每条线路服务覆盖率 $\varepsilon$ 的变化对利润的影响，并针对模型中的通勤者出行方式选择影响因素进行了敏感度分析，得出了相应的管理启示，有助于定制公交企业进行决策。

本书系统地研究了考虑通勤者行为的辅助公交优化问题，研究内容涵盖了三类辅助公交通勤方式，并考虑了诸如有限理性、需求和行程时间不确定的通勤者行为因素。研究成果丰富了辅助公交优化方面的理论研究，在一定程度上可以为辅助公交运营企业提供提高利润、降低成本方面的决策支持，有助于辅助公交业务的可持续发展。

本书得到北方民族大学校级一般科研项目（项目号：2021XYSSY03）支持、北方民族大学商学院重点建设经费支持、国家民委“西部地区特色农产品营销创新团队”支持。

# 目录

# 第1章　绪论

通勤是日常交通活动的重要组成部分。大量的通勤行为会给城市带来交通拥堵、环境污染等问题。辅助公交（Para-transit）是介于私人交通和公共交通之间的一种交通服务模式，其典型特点是灵活，可以通过调整服务方案以适应用户的需求，它已成为解决居民通勤交通问题的新型出行方式。目前，辅助公交的主要形式有小汽车拼车、公司通勤班车、定制公交等。辅助公交出行方式的推广有助于打造多元、舒适、低碳的交通模式，提高通勤效率，使通勤者、企业和社会多方共赢。优化辅助公交车辆运营管理、提高服务质量、减少运营成本一直以来都是业界和学术界的研究热点。

本书研究考虑通勤者行为的辅助公交运营优化问题。分别分析了小汽车拼车、通勤班车和定制公交三种服务模式中通勤者的通勤方式选择行为；根据各个通勤方式的特性，结合通勤者行为建立数学模型；在分析各个问题性质的基础上，设计开发精确算法、启发式算法和改进的元启发式算法；对每个问题进行丰富的实例实验，验证算法的有效性；分析优化模型中通勤者出行方式选择影响因素的参数灵敏性，为辅助公交的运营提供决策支持。

## 1.1 研究背景

社会经济的迅猛发展使我国城镇化进程加快，城市人口快速增长。2020年，我国总人口达到14.1亿人，城镇化率超过60%（http：//www.stats.gov.cn/）。在城市发展过程中，居民收入水平不断提高，城市空间结构不断被调整，城市内的企业和居民频繁地进行搬迁和拆迁，导致城市居民整体的通勤时间和距离显著增加。长距离的通勤需求使居民的通勤方式发生了很大的改变，大量通勤者从最初的骑自行车、电动车及乘坐公交车等出行方式，转变为选择驾驶私家车的出行方式，私家车的保有量迅速增长，造成城市内通勤高峰时段的交通拥堵、尾气排放和环境污染等问题的出现。城市交通是城市经济的重要组成部分，解决城市交通问题是促进我国城市经济可持续发展的有效途径。

居民出行方式的选择对交通问题有显著影响。城市传统的通勤出行方式有私人交通方式和公共交通方式两种。其中，私人交通方式一般包括小汽车、出租车、电动车、自行车等；公共交通方式一般包括公交、轨道交通及辅助公交。具体如图1-1所示。

公共交通出行是一种成本低、效率高的出行方式，应用最为广泛。公共汽车通常搭载多名乘客，有助于减少车辆总行驶里程，缓解交通压力。然而，公交、轨道交通等公共交通服务的一个特点是车辆的运行路线和时间表相对固定，由于城市空间结构不断变化、城市规模不断扩大，公共交通服务覆盖范围不能满足众多通勤者的需求，存在很多通勤盲区。

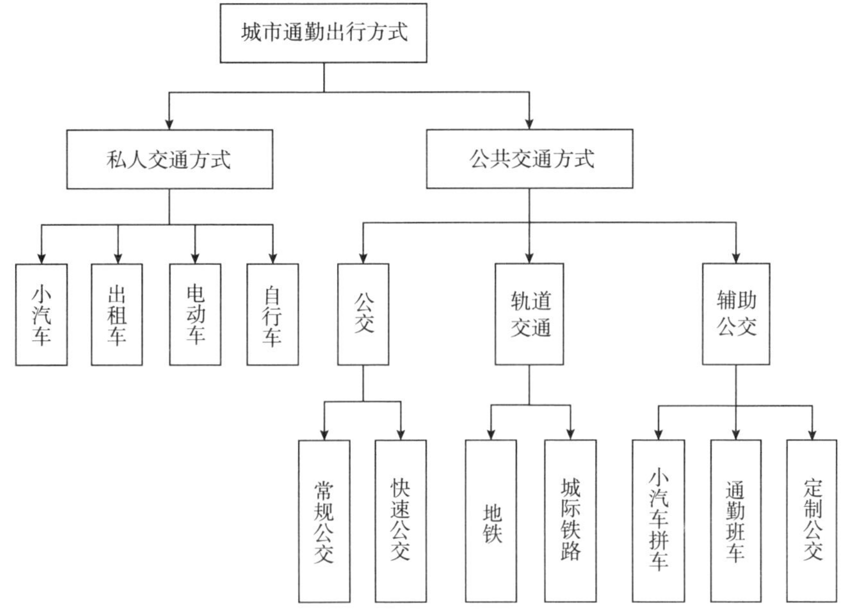


**图 1-1　城市通勤出行方式**

辅助公交是介于私人交通和公共交通中间的一种交通服务模式，相比传统的公交，其时刻表和线路灵活，可以满足客户的不同需求，是一种高品质的交通服务方式。目前，辅助公交的主要形式有小汽车拼车、公司通勤班车和定制公交等。辅助公交作为交通服务系统中的一种新型模式，是交通服务系统多元化的体现。发展辅助公交是提高通勤效率，打造多元、舒适、低碳交通模式的重要途径。

（1）从乘客角度出发，发展辅助公交服务可以满足乘客多方面的出行需求。在传统的公共交通方式中，乘客对步行距离、行程时间、车辆环境、座位条件等的需求不能得到满足，而辅助公交以灵活、便捷、需求响应的特征吸引着乘客，它可以根据乘客的不同需求调整路线方案，满足乘客对于公共出行方式的需求。

（2）从企业角度出发，完善辅助公交服务可以提高辅助公交企业的市场竞争力。公共交通的劣势使一些乘客的需求得不到满足，造成客户流失，而私人交通的成本太高造成了市场壁垒。优化的辅助公交运营机制有助于吸引有需求的乘客，占据一部分交通市场，提高辅助公交企业的竞争力。

（3）从社会角度出发，辅助公交的进一步发展可以推动城市的可持续发展。辅助公交体系的发展可以缓解交通拥堵、减少尾气排放、改善城市环境。此外，辅助公交的发展可以促进城市交通系统的多元化，提高城市交通运输能力，有利于整个城市交通的良性运行。

辅助公交是未来交通服务发展的方向。其中，小汽车拼车、通勤班车、定制公交是目前存在的三种主要的辅助公交形式。随着交通体系的完善，这三种辅助公交近几年逐渐发展成熟。小汽车拼车是指乘客协商共同乘坐同一辆小汽车的行为，这种出行方式拥有比公共交通更好的灵活性，可以提高运输效率、降低燃料消耗、为通勤者带来更低的成本。目前，有很多交通 App 提供拼车服务，如优步、滴滴和携程等，拼车平台可以通过实时匹配司机和乘客，协调车辆为行程相似的乘客提供拼车服务。公司通勤班车是公司为提高员工的通勤效率而提供的一种便捷的通勤方式，也是通勤者出行使用最为广泛的一种辅助公交形式。通勤班车相对普通公交具有较少的站点和更严格的时间窗，能够以更少的行程时间和更有针对性的路线设计吸引员工。目前，很多大型企业都开展了通勤班车业务，也将其纳为企业收入的一部分。定制公交是近年来兴起的一种新型的辅助公交模式，是一种特殊的从居住地到工作地的直达式公交，一般多运行在城市的 CBD 和居民集中的区域。用户可以通过网站提出出行需求，定制公交企业根据用户的需求和客流情况进行公交路线和时刻表设计。定制公交一般情况下站点较少，一人一座，并且车辆环境较好，是能够吸引乘客尤其是通勤者的一种交通方式。近年来，很多城市如青岛、广州、南京、北京等都开展了定制公交业务，并向全国范围普及。

针对以上主要的辅助公交形式，继续发展辅助公交服务，扩大其用户市场规模是提高辅助公交企业竞争力和完善城市交通体系的重要途径。通勤者是辅助公交系统的重要服务对象，通勤者对出行方式的选择取决于其良好的出行体验。为通勤用户提供更加人性化的出行体验，也是现代化智慧城市的新的交通理念。然而，当前我国对于提升辅助公交的服务水平还处于探索阶段，考虑用户体验的辅助公交优化研究还有待进一步挖掘，通勤者对辅助公交服务的参与度不足，辅助公交运营企业不能实现盈利，这些是当前辅助公交发展中的突出问题。

对于乘客出行体验的影响因素，国内外有较多的相关研究。很多研究将家庭因素、个人因素、活动目的和出行情况列为主要的影响因素。其中，家庭因素、个人因素、活动目的都由用户主观情况所决定，而出行情况包括车辆环境、安全性、路线安排、行程时间、行程费用和步行距离则可以由交通服务运营商进行改善。运营企业通过对车辆的行驶路线进行科学的规划和设计，可以提升使用者的出行体验，从而增加通勤者在辅助公交系统中的参与度。因此，本书从辅助公交运营商的角度出发，在车辆的匹配、路线规划中考虑通勤者的出行时间、通勤费用和步行距离对通勤者参与度的影响，优化辅助公交线路设计，提高辅助公交企业的竞争力。

从供应商的角度来说，提升乘客对于辅助公交通勤方式的通勤时间、通勤费用、步行距离等要素的体验，往往会带来更高的服务成本。如何平衡辅助公交服务成本和通勤者满意度之间的关系，同时提高辅助公交的吸引力和企业利润，是各辅助公交运营商共同的、亟待解决的问题。

第一，如何增加小汽车拼车业务的用户黏度，扩大其市场规模，提高企业利润？在以往的研究中，小汽车拼车的解决方案是在满足通勤者要求的情况下使服务成本最小化，这种方式与实际情况有一定差距。由于通勤者是有限理性的，并且运营商希望用户参与拼车是一个长期的行为，在一个长期行为中的方案需要考虑用户的心理预期及后续继续参与的意愿。如何将通勤者长期的意愿考虑到车辆服务业务中，防止已有用户流失，是运营商制定拼车方案的一个需要重点考虑的问题。

第二，在公司通勤班车和定制公交业务中如何设置更人性化的站点和车辆安排？在大型车辆的辅助公交业务中，站点设置和车辆安排会直接影响通勤者的参与意愿。通勤者对于辅助公交的站点设置与车辆安排的满意度会影响其通勤方式的选择。从站点设置到路线规划，以更加科学的方式制定出符合用户心理的服务方案，减少乘客的步行距离，缩短行程时间，可以增强通勤者的参与度，增加辅助公交系统收入，使整个辅助公交系统良性运行。

第三，如何挖掘出辅助公交通勤方式的潜在需求，提高辅助公交服务对通勤者的吸引力？在辅助公交系统中，吸引新用户是提高服务普及率、增强业务竞争力的关键。深入地发掘通勤者的出行规律以及充分调查通勤者的出行需求，有助于制定更加具有吸引力的辅助公交服务策略。利用科学的方法分析和处理出行数据，可以更好地发现潜在需求，吸引更多通勤者参与，提高辅助公交利润。

针对现有的通勤者出行需求和当前辅助公交系统运营面临的突出问题，需要进一步提升辅助公交系统运营的科学水平。通过挖掘现实中的问题，充分考虑通勤者的出行选择行为，优化辅助公交系统的解决方案，有助于提高辅助公交系统的服务水平，增加辅助公交企业的市场竞争力，促进辅助公交系统良性发展。

## 1.2 研究意义

发展辅助公交系统有助于缓解城市拥堵、提高居民通勤效率，是一项通勤者、辅助公交企业和社会多方共赢的策略。当前，我国的辅助公交服务发展得还不成熟，一些辅助公交商业化形式在实际运营过程中突显了诸多问题。考虑通勤者行为的辅助公交路径优化研究可以帮助解决辅助公交实际运营中的问题，为政府和辅助公交相关企业提供一定的决策支持。同时，考虑通勤者行为的辅助公交路径优化研究还有助于提升辅助公交系统的科学化水平。本书的研究意义主要体现在以下两个方面：

（1）实践方面。辅助公交作为新型交通模式，其应用推广有助于提高通勤者通勤效率、减缓交通压力、减少污染进而提高经济效益。增加辅助公交在市场上的占有率，则需要提升辅助公交系统的科学性、实用性和便利性。本书针对辅助公交的三种通勤服务方式——小汽车拼车、通勤班车和定制公交，着眼于实际通勤者的心理，提炼问题，展开科学研究。针对求解小型汽车拼车优化问题，考虑了通勤者参与拼车的意愿，通过分析有限理性通勤者的通勤行为，有助于更加科学合理地制定运行机制。此外，针对通勤班车的站点设置和车辆安排问题，考虑了车辆行驶过程中的不确定行驶时间和乘客需求，问题的解决有助于辅助公交企业在实际运营中进行决策。同时，针对定制公交的站点选择和路线规划问题，考虑了真实的通勤者需求调查结果和出行轨迹，发掘潜在的定制公交路线，有助于服务运营商准确把握通勤者的心理需求，制定更加具有吸引力的定制公交解决方案。因此，本书有助于系统运营商构建更加科学合理的辅助公交运行系统。

（2）理论方面。传统的车辆路径优化问题已被广泛研究，而面对新的交通模式和需求，传统的优化方法需要继续延展和扩充。本书的研究针对辅助公交的新型交通模式，结合行为理论，考虑有限理性、不确定需求、不确定时间等因素，建立模型，提出相应的优化方法。首先，针对平衡小型汽车拼车服务成本和通勤者长期参与意愿之间的关系问题，提出了基于累积前景理论的拼车出行路径优化的多目标模型，设计了一个启发式算法和一个 VNS-NSGAII 算法来分别解决小规模和大规模算例，为拼车出行的长期运营提供最优的解决方案。其次，针对通勤班车的站点设置和车辆路径优化问题，构建一个协同优化模型，提出了一个启发式的动态规划算法和一个改进的 VNS 算法，分别解决了通勤班车的站点设置和车辆安排问题，为构建科学合理的通勤班车优化模型提供了理论基础。最后，针对定制公交站点选择和路径规划问题，考虑通勤者出行方式选择行为，提出了一个双层优化的整数规划模型，基于问题的特点开发了一个 VNS-KM 算法来解决站点选择问题。同时，设计了动态规划算法 DP-MinCir 来解决线路规划问题，找到一个考虑通勤者服务范围的站点选择、路线安排的协同优化方案。本书的研究内容对丰富与完善车辆路径优化问题的理论体系具有重要的理论参考价值。

## 1.3 主要研究内容及结构安排

本书遵循“从实际到理论”的研究路径，即从实际通勤者出行方式选择过程出发研究点到点的小汽车拼车、通勤班车和定制公交三类通勤方式的实际问题，凝练考虑通勤者行为的车辆安排优化理论研究；设计并开发了相应的精确算法、启发式算法和元启发式算法来求解问题模型；基于真实的轨迹数据集进行算法验证；分析了三类通勤方式的优化模型中相关参数的敏感度，并得出相应管理启示。

### 1.3.1 主要研究内容

本书从辅助公交运营商的角度出发，在辅助公交系统的车辆路线设计中，基于相关的行为理论，考虑通勤者的出行方式选择行为，设计更具有人性化的辅助公交线路，以达到消费者和运营商共赢的目的，构建一个良性运作的辅助公交系统。本书的主要研究内容如下：

（1）研究了考虑通勤者出行方式选择的小汽车拼车匹配和路径优化问题。考虑车辆成本和乘客服务质量，分析了通勤者在多次拼车中关于通勤时间和费用的感知价值变化，建立了一个基于累积前景理论的优化模型，根据模型性质设计启发式算法和混合智能算法进行求解，利用真实数据集的数据，设计对比实验，验证所提算法的有效性，对通勤者出行方式选择的影响因素相关参数进行灵敏度分析。

（2）研究了考虑通勤者需求和车辆行程时间随机的通勤班车路径优化问题。考虑了步行距离与通勤者选择的关系和车辆行程随机的情况，提出了一个以最大化通勤班车利润为目标的站点选择和路径优化的协同算法框架，分别在数据准备阶段和优化求解阶段设计启发式算法和智能算法，解决站点选择和路径协同优化问题，设计了一系列的计算实验，验证所提出算法的优势。此外，对相关参数进行了灵敏度分析，得出相应的管理启示。

（3）研究了考虑通勤者出行方式选择的定制公交站点选择和路线优化问题。考虑了通勤者选择定制公交的影响因素，提出了一个定制公交的站点选择和路径优化的双层优化模型，并设计了算法求解框架，结合真实出租车数据进行实验分析，实验结果证明了所提算法的优势。此外，还分析了每条线路服务覆盖率的变化对利润的影响以及通勤者选择影响因素的灵敏度。

本书主要的创新点在于考虑了通勤者的出行方式选择行为来建立辅助公交优化模型，设计优化算法进行有效求解。下面分别介绍各个具体内容：

（1）在以往的小汽车拼车匹配和路径优化问题的基础上考虑了通勤者出行方式选择行为，剖析了通勤者出行方式选择和拼车方案直接的相互影响关系，基于累积前景理论建立了一个考虑多时期的双目标优化模型。在求解过程中，基于双目标的模型特点，分析了该问题的结构化性质，提出了一个启发式算法 FNDS-$G_{ps}$ 来解决小规模的算例。同时，基于该问题的 NP-hard 性质，提出一个混合的 VNS-NSGAII 算法来解决大规模的算例。

（2）在传统的班车路径优化问题中，针对通勤班车问题的特点，考虑了车辆不确定的行程时间和乘客需求与步行距离的关系，设计站点选择和路径协同优化算法框架。在数据准备阶段，提出了一种改进的模糊 C 均值聚类算法（Fuzzy C-Means，FCM），获得通勤者位置聚类。在问题优化阶段，开发了一种新的启发式随机动态规划方法 H-SDP，解决了最优站点选择的子问题。同时，设计了一种改进的变邻域搜索算法（Variable Neighborhood Search，VNS）对车辆路径和站点位置进行协同优化。

（3）在定制公交站点选择和路线优化问题中，考虑了通勤者出行方式选择行为的影响因素，并建立了定制公交方案优化的双层模型。在数据准备阶段，提出一个合并站点算法，对 DBSCAN（Density-based Spatial Clustering of Applications with Noise）聚类算法结果进行进一步处理，获得合适的 OD 区域。在求解阶段，设计了一个动态规划算法 DP-MinCir 来解决车辆最优路径的上

层问题；提出了一个启发式算法 VNS-KM，解决了站点数量和乘客步行距离均衡的下层最优站点问题。

### 1.3.2　结构安排

本书着眼于辅助公交系统的应用实际，在车辆路径优化方案中，从运营商的角度出发，考虑主要的服务对象——通勤者，其出行方式选择行为受有限理性、行程时间、费用、步行距离等因素的影响。使用累积前景理论、Logit 回归分析、出行轨迹聚类等方法分析通勤者需求，将出行需求与辅助公交服务优化问题相结合，达到多方共赢的目标。本书提炼了考虑有限理性通勤者出行方式选择的小型汽车拼车匹配调度的多目标优化问题、考虑通勤者需求和行驶时间不确定的通勤班车站点选择和路径优化问题、考虑通勤者出行方式选择的定制公交站点选择和路线优化的双层优化问题。在解决优化问题的过程中，针对三种出行方式，给出其相应的双赢的目标函数，构建双目标优化模型和双层优化模型。分析各个优化问题中的求解性质，基于各个不同的性质，分别设计动态规划、改进的变邻域搜索算法、启发式算法、混合遗传算法等优化算法对上述问题进行了求解，并基于一系列仿真实验，对提出的算法进行验证。另外，针对三个优化模型中的选择行为影响因素参数，进行敏感度分析，得出了相应的管理启示。本书的技术路线及结构安排如图 1-2 所示。

第 1 章，绪论。首先介绍了辅助公交的应用背景，论述了考虑通勤者出行方式选择行为的辅助公交路径优化问题背景及意义。其次阐述了本书的主要研究内容。最后说明了本书的技术路线和结构安排。

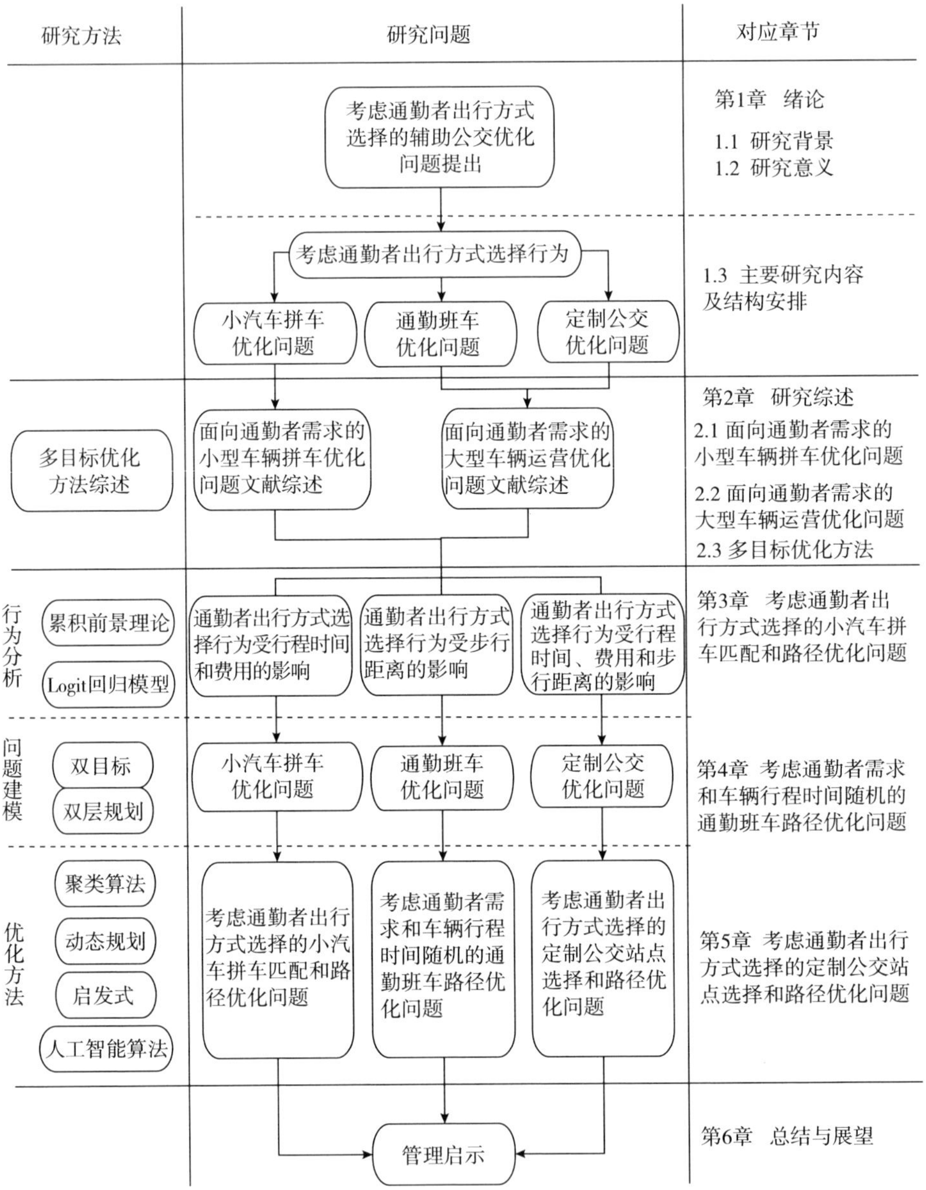

研究方法 研究问题 对应章节

考虑通勤者出行方式选择的辅助公交优化问题提出

第1章 绪论

1.1 研究背景

1.2 研究意义

考虑通勤者出行方式选择行为

小汽车拼车优化问题

通勤班车优化问题

定制公交优化问题

1.3 主要研究内容及结构安排

多目标优化方法综述

面向通勤者需求的小型车辆拼车优化问题文献综述

面向通勤者需求的大型车辆运营优化问题文献综述

第2章 研究综述

2.1 面向通勤者需求的小型车辆拼车优化问题

2.2 面向通勤者需求的大型车辆运营优化问题

2.3 多目标优化方法

行为分析

累积前景理论

Logit回归模型

通勤者出行方式选择行为受行程时间和费用的影响

通勤者出行方式选择行为受步行距离的影响

通勤者出行方式选择行为受行程时间、费用和步行距离的影响

第3章 考虑通勤者出行方式选择的小汽车拼车匹配和路径优化问题

问题建模

双目标

双层规划

小汽车拼车优化问题

通勤班车优化问题

定制公交优化问题

第4章 考虑通勤者需求和车辆行程时间随机的通勤班车路径优化问题

优化方法

聚类算法

动态规划

启发式

人工智能算法

考虑通勤者出行方式选择的小汽车拼车匹配和路径优化问题

考虑通勤者需求和车辆行程时间随机的通勤班车路径优化问题

考虑通勤者出行方式选择的定制公交站点选择和路径优化问题

第5章 考虑通勤者出行方式选择的定制公交站点选择和路径优化问题

管理启示

第6章 总结与展望

**图 1-2 总体结构**

第 2 章，研究综述。首先分别对面向通勤者选择的小型车辆拼车优化问

题以及面向通勤者需求的大型车辆运营优化问题的相关研究成果进行了回顾，分别以通勤者出行行为、拼车匹配、数据聚类、站点选择和路径优化问题为分类基础，分析了其中的研究热点内容。其次对多目标优化方法进行综述。最后对以往研究尚未考虑到的一些问题进行了评述，指出需要深入研究的几个问题。

第 3 章，考虑通勤者出行方式选择的小汽车拼车匹配和路径优化问题。分析通勤者对于出行方式的选择，考虑多阶段通勤者感知价值的变化情况，建立考虑服务质量和成本的双目标优化模型；分析了该问题的结构化性质，分别设计解决小规模算例和大规模算例的算法；结合真实数据设计实验，进行算法验证，并进行相关参数的灵敏度分析。

第 4 章，考虑通勤者需求和车辆行程时间随机的通勤班车路径优化问题。分别在数据准备阶段和建模优化阶段对问题求解进行优化。在数据准备阶段，设计改进的聚类方法进行数据聚类。在建模求解阶段，考虑通勤需求和行驶时间的不确定性，建立通勤公交站点选择和路线规划问题的协同优化模型；分别设计一个启发式的随机动态规划算法和改进的 VNS 算法，解决路径子问题和站点选择子问题；设计了一系列实验，验证所设计算法的性能，并进行相关参数的灵敏度分析。

第 5 章，考虑通勤者出行方式选择的定制公交站点选择和路径优化问题。分别在数据准备阶段和建模优化阶段对问题求解进行优化。在数据准备阶段，应用聚类算法对出行轨迹进行聚类，并设计了站点合并算法。在建模求解阶段，考虑通勤者对定制公交通勤方式的选择概率，提出了一个双层整数规划模型；分别设计了一个动态规划算法和一个启发式算法解决上层最优路径问题、下层最优站点问题；结合北京市的定制公交意愿调查和实际通勤者出行轨迹数据进行实验，并对相关参数进行灵敏度分析，得出相应的管理启示。

第6章，总结与展望。对目前的研究进行了总结，分析了本书提出的方法在现实通勤服务中的应用可能，并提出了考虑用户行为的辅助公交系统优化问题的未来研究方向。

# 第 2 章　研究综述

本章对相关的主要研究成果进行了综述。本书的主要研究问题是考虑通勤者出行方式选择的辅助公交路径规划优化问题，因此，本章对面向通勤者选择需求的小型车辆拼车优化问题、面向通勤者需求的大型车辆运营优化问题以及多目标研究方法的相关研究成果进行了回顾、梳理和总结。

本章主要结构如下：2. 1 节回顾了面向通勤者需求的小型车辆拼车优化问题的相关文献，分别从有限理性通勤者出行方式选择、面向通勤者需求的拼车匹配问题和拼车路径优化问题三个方面进行了综述。2. 2 节回顾了面向通勤者需求的大型车辆运营优化问题方面的研究，首先对通勤者出行数据挖掘问题的相关研究进行了回顾和总结，接着对面向通勤者需求的站点选择问题和时间需求确定的车辆路径问题的相关研究进行了综述。2. 3 节回顾了多目标优化方法，分别对多目标进化方法和标量化方法进行了综述。2. 4 节对以往研究尚未考虑到的一些问题进行了评述。2. 5 节对本章进行了小结。

## 2.1 面向通勤者需求的小型车辆拼车优化问题

近年来，小型汽车拼车的出行方式发展得越来越广泛，其低成本、低污染、高效率的交通方式受到许多业界以及学术界的关注。通勤者通勤距离长、人数多，这给城市交通网络带来了巨大的压力，而面向通勤者选择的小型汽车拼车优化问题的研究有助于减轻交通压力、提高服务质量，同时还能增加服务效益。本节分别从有限理性通勤者出行方式选择、面向通勤者需求的拼车匹配问题和拼车路径优化问题三个方面进行综述。

### 2.1.1 有限理性通勤者出行方式选择问题

在行为理论的文献中，关于出行者的决策行为有许多理论模型，其中，应用最广泛的理论是期望效用理论（EUT），该理论模型基于效用最大化，认为人是一个完全理性的个体，可以做出效用最大化的选择。然而，一旦引入少量复杂的不确定因素在决策环境中，EUT 就无法正确描述实际出行者的行为。前景理论（Prospect Theory，PT）是在研究不确定环境下的决策行为中应用最广泛的理论，人们的实际选择基于参照点衡量的收益和损失，参照点之上的值被视为收益，参照点之下的值被视为损失，这被认为是理解风险决策的主要行为范式。如今，前景理论已经广泛应用于经济、交通等领域。Liu 等（2004）利用混合 Logit 模型中具有系数的实时环路数据揭示了行驶时间可靠性对动态路线选择的贡献。Avineri 和 Prashker（2005）观察了路径选择实验中的重复选择，以比较扩展效用理论和（累积）前景理论的多项 Logit 预测，他们在研究工作中，为了分析迭代任务中的路径选择行为，进行了路径选择的实验和计算机模拟。Jou 等（2008）将前景理论中的参考点假设应用于通勤者的出发时间决策中，并用实证数据进行了检验。Erev 和 Barron（2005）证明了重复选择中广泛存在损失厌恶。Gao 等（2010）研究了前景理论在拥挤网络中的作用。Dell' Orco 等（2008）基于高变异性和不确定性条件下的选择环境，使用混合方法对出行者择路行为进行建模，并给出了该方法在具体交通选择环境中的应用。

累积前景理论（Cumulative Prospect Theory，CPT）是 PT 理论进一步的发展变体，PT 通常被应用于一次性决策中，而 CPT 被广泛应用于一段时间的日常决策中。Schwanen 等（2009）验证了 CPT 在处理具有不确定性的交通网络中的出行行为方面的有效性。Connors 等（2009）运用累积前景理论建立了一个一般网络均衡模型，研究了基于风险认知的择路行为。Yang 和 Jiang（2014）提出了基于 CPT 的路径选择模型，在此基础上，结合 Wardrop 均衡原理，建立了基于 CPT 的随机用户均衡模型。Jou 和 Chen（2013）在 CPT 框架下调查了驾驶员对风险的态度。在他们的路径选择实验中，每个选择任务的每个选项都有两个可能的旅行时间和相应的发生概率，在一个简单的 Logit 模型中，他们估计了风险态度参数和累计概率加权函数随行程时间变化产生的收益和损失，以及损失厌恶参数。Huang 等（2017）利用设计的基于互联网的 SP 检验收集的数据，用 CPT 模型研究了在选择管理车道时的风险厌恶程度，并将 CPT 模型与基于实用的模型进行了比较。Zhang 等（2018）近年来聚焦于 CPT 的路径选择研究，他们通过实验收集数据，考虑朋友之间的社会互动对路径选择行为的影响。

从上述研究可以发现，利用前景理论和累积前景理论研究个体出行决策行为的文献大多讨论的是路径选择行为、出行时间预测与风险评估，而对出行方式选择的研究相对较少。Zhao 和 Yang（2013）认为，基于累积前景理论的模式选择模型可以成功地解释出行者的模式选择行为。Liu 和 Lam（2014）研究了在先进的交通信息系统（ATIS）下，人口密度对多式联运出行者选择行为的影响，研究表明，人口密度与模态分裂结果密切相关。Wen 等（2019）使用 CPT 模型研究了航班选择行为，该模型只考虑了损失域（即相对于预定起飞时间的重大延误），通过实验得出结论，他们的抽样乘客倾向于寻求风险。张薇和何瑞春（2014）考虑了出行时间和出行成本的心理参考点，得出居民满意的出行方式，通过比较不同参考点下综合前景值的变化，分析参考点对出行方式的影响。

### 2.1.2 面向通勤者需求的拼车匹配问题

拼车是指相同路线的几个人乘坐同一辆车上下班、上下学、跑长途、旅游等，且车费由乘客平均分摊。拼车作为一种节约成本、绿色环保的出行方式，受到许多人的青睐。近年来，学术界和商界对拼车越来越感兴趣。Agatz 等（2011，2012）对成功的拼车系统的条件进行了全面论述。Furuhata 等（2013）阐述了现有的拼车系统的先进性，并讨论了拼车系统面临的关键挑战，对已有文献进行了综述。

关于拼车出行的研究，一部分学者聚焦匹配优化问题，即确定系统中司机和乘客之间的最优匹配。拼车匹配的执行基于信息平台，乘客通过拼车系统提交拼车需求信息，包括乘客的出发地和目的地。拼车系统可以根据乘客和车辆的信息进行匹配，匹配信息一致性高的乘客进行拼车。有关拼车匹配的研究可以得到优化的拼车匹配方案和拼车路线，为拼车系统提供技术支持。匹配优化的原则之一是尽量减少总出行距离或总出行时间。Guasch 等（2014）通过最小化总等待时间来确定司机和乘客之间的最优匹配。Tsao 和 Eirinaki（2015）研究了一种协会内部的会员匹配机制，将匹配范围扩大到了通勤出行之外。

优化算法在拼车问题中一直有着重要作用。Baldacci 等（2004）针对拼车问题提出了两个整数规划公式，分别采用精确法和启发式法求解。Häme（2011）提出了一种自适应式插入算法。Long 等（2018）提出了一种混合整数线性规划模型，优化拼车匹配，他们发现，当出行时间不确定时，基于确定性出行时间建立的拼车匹配可能变得不可行。

拼车问题的一个重要的分支是动态拼车问题，即司机和乘客在一段时间内不断地进入和离开系统。Agatz 等（2011）在研究中考虑了动态拼车情况。Herbawi 和 Weber（2012）考虑了动态共乘中带时间窗的车辆匹配问题并构建优化模型。其他类似的研究见 Winter 和 Nittel（2006）、Xing 等（2009）。

一些学者将拼车匹配方法应用到实际的智能拼车系统中。Manzini 等（2012）设计了一种基于层次聚类的拼车方法，将其应用到决策支持系统中，该决策支持系统可以帮助机动管理人员生成共享车辆池，并为共享车辆设计可行路径。Shen 等（2016）及 Chiou 等（2014）提出了一种动态匹配方法，该方法应用于 Android 平台拼车系统。Shinde（2016）及 Lin（2011）提出了一种智能拼车系统，该系统基于云服务进行实时拼车匹配。

随着参与拼车系统的司机和乘客数量的增加，高效匹配拼车的供给和需求成为人们接受拼车系统的关键。为了提高效率，提高拼车匹配的成功率，一些学者已经进行了相关的研究。例如，为了提高拼车匹配成功率，Masoud 等（2017）提出了对等乘车交换机制。有了这样的机制，如果卖方有备选的行程，那么无法匹配的乘客就可以购买先前匹配的乘客的行程。这类问题最简单的变体是只分配给每个驾驶员一个乘客，可以表示为最大权重二部匹配问题。实际上，每个司机可能愿意为不止一个乘客服务，由此产生的问题要复杂得多。

### 2.1.3 拼车路径优化问题

拼车问题可以被看作交通文献中经典的拨号乘车问题（DARP）的延伸。DARP 问题优化了特殊情况下乘客提货和运送的流程，这种情况通常涉及门到门的运输，常被用于准运输系统或类似于班车的服务中。在这种系统中，需要搭乘的乘客根据自己的运输需求联系服务提供商，服务提供商根据乘客的请求分配车辆。

DARP 问题也类似于众所周知的带有时间窗的取货和送货问题（Pickup and Delivery Problem with Time Windows，PDPTW）。作为车辆路径问题（Vehicle Routing Problem，VRP）的一种概括，经典的 PDPTW 具有成对的取货地点和送货地点的特征，即每个取货地点都与特定的送货地点相关联，反之亦然。DARP 的早期应用之一是为病人或残疾人提供门到门的运输服务。此后，PDPTW 和 DARP 得到了进一步推广。Wang 等（2016）通过提出一个有时间窗的取货配送问题（PDPTW）研究了出行时间和通行费对最优路线的影响。Mahmoudi 和 Zhou（2016）构建了一个状态—时空网络来描述 PDPTW 中的时间约束，他们为所提出的用于拼车的 PDPTW 问题建立了一个多商品网络流规划模型。

随着研究的深入，它们对精确求解方法的要求也越来越高。Lu 和 Dessouky（2004）提出了一种分支切割算法来最优地解决 PDPTW 问题中的整数规划公式。Gordeau（2006）和 Ropke 等（2007）探索了一种替代公式和一种分支切割算法来最优地解决这个问题。后来 Ropke 和 Cordeau（2009）针对这个问题，提出了一种新的分支定价算法。Le-Anh 等（2010）介绍了三种基本的调度方法（插入、组合和列生成），用于解决基于车辆内部运输系统中的 PDPTW 问题。Cherkesly 等（2015）探索了一个具有后进先出加载约束的

PDPTW 问题，并设计了一个分支定价算法来解决它。

通过精确的方法可以解决和拼车问题紧密相关的 DARP 或 PDPTW 问题，但解决规模被证明是有限的。拼车中的行程规划问题实际上是 NP-hard，因为它包括每个客户需求的特殊情况。因此，大量的文献转向了更有效地解决大规模问题的启发式方法上。禁忌搜索很好地解决了 PDPTW 和 DARP 问题。Lau 和 Liang（2002）使用禁忌搜索框架（Tabu Search，TS）来解决 PDPTW 问题，并研究了几种不同的路由方法。Cordeau 和 Laporte（2003）描述了一种禁忌搜索启发式算法，来解决 DARP 问题，并设计了一套成本最低的车辆路线，能够满足各方要求。Bent 和 Van Hentenryck（2006）研究了一种两阶段混合算法，用于求解具有时间窗和多车辆的提货车辆路径问题，分别在两阶段中采用模拟退火算法（Simulated Annealing，SA）和邻域搜索算法（Large Neighborhood Search，LNS）来降低总成本。在上述方法的基础上，Ropke 和 Pisinger（2006）提出了一种自适应大邻域搜索（Adaptive Large Neighborhood Search，ALNS）算法，并研究了几种需求去除和路径重构的操作以提高效率。对于静态多车调度问题，Parragh 等（2010）分析并验证了一种基于竞争变邻域搜索（VNS）的启发式算法的优势。其他应用于 PDPTW 和 DARP 问题的启发式算法包括 Cherkesly 等（2015）的种群算法、Diana 和 Dessouky（2004）的并行后路插入启发式算法，以及 Catay（2009）的蚁群优化算法。

对于多目标 PDPTW 问题，我们将目标的利益相关者分为以下几类：供应商、零售商、消费者和管理者。表 2-1 为相关文献的比较。具体来说，一些研究针对零售商和管理者考虑了运输成本和温室气体排放。一些研究考虑了供应商和零售商最小化运输成本和满足乘客时间窗口的要求。此外，已有多项研究探讨了消费者服务过程。如 Pureza 等（2012）指出加强服务人员的安排以增加服务时间，但没有考虑消费者对于接受服务的动态意愿。

表 2-1　相关文献的比较

| 文献 | 模型特征 | | | 目标函数 | | | | 求解 |
|---|---|---|---|---|---|---|---|---|
| | | | | 供应商 | 零售商 | 消费者 | 管理者 | |
| | 多期 | 多级 | 模型 | MLS | MCT | MCW | MGGE | |
| [46] | × | × | MIP | √ | √ | × | √ | 蚁群 |
| [124] | × | × | MIP | √ | √ | √ | × | 启发式 |
| [81] | × | × | MIP | √ | √ | × | × | 启发式 |
| [108] | × | × | MIP | × | √ | × | × | 变邻域 |
| [65] | × | × | MILP | × | √ | × | × | 约束 |
| [53] | × | √ | MIP | × | √ | × | × | 元启发式 |
| [31] | × | √ | MIP | √ | √ | × | × | 禁忌搜索 |
| [13] | √ | √ | MIP | √ | √ | × | × | 启发式 |
| [171] | × | √ | MIP | √ | √ | × | √ | 启发式 |

注：MIP=混合整数规划（Mixed integer programming）；MILP=混合整数线性规划（Mixed integer linear programming）；MLS=最大化服务级别（Maximize the level of service）；MCT=最小化运输成本（Minimise cost of transportation）；MCW=最大化用户意愿（Maximize the consumers' willingness）；MGGE=最小化碳排放（Minimise the greenhouse gas emissions）。

对于多目标问题，一些研究提出了有效的解决方法。广义标签校正算法（GLC）是一种搜索 Pareto 最优方案集的确定性算法，但其复杂度是一个问题（2000）。Kar 等（2018）提出并解决了不确定多目标可靠运输问题。NSGAII（Non dominated Sorting Genetic Algorithm II）已被广泛用于解决多目标问题。Majumder 等（2019）应用 NSGAII 和多目标交叉精英策略、异构重组和突变算法（MOCHC）来解决不确定的多目标中国邮差问题。但是，当解空间较大时，收敛速度和精度较差。

## 2.2　面向通勤者需求的大型车辆运营优化问题

日常通勤是城市交通活动的一个重要方面，目前的通勤方式除了传统的公共交通和私人交通外，辅助公交因具有低价和高效的优点越来越受到欢迎。大型车辆作为辅助公交通勤方式的工具，主要服务方式有通勤班车和定制公交两种。这两者的共同之处是：①面向的主要客户群体是通勤者。②都需要设立车站站点。③都需要较少的站点和合理的线路来保证通勤时间。研究面向通勤者需求的定制公交和通勤班车运营优化问题有助于在提高服务质量、增强辅助公交的竞争力的同时增加运营公司的效益。本节分别从通勤者出行数据挖掘问题、面向通勤者需求的站点选择问题和时间需求不确定的车辆路径优化问题三个方面进行综述。

### 2.2.1　通勤者出行数据挖掘问题

制定通勤车辆高质量的服务策略时需要充分考虑通勤者的出行需求。而通勤者出行的轨迹数据是对通勤者出行需求的客观描述。许多研究人员已经研究了从各种数据源以低成本获取高质量的出行信息的方法，如出租车轨迹和公交智能卡交易。有研究指出，可以利用出租车轨迹来发现车辆的行驶模式，从而改善交通服务。例如，出租车轨迹用于规划夜间公交路线和探索新的公共交通模式，发现热点上下车区域和热点交通线路。出租车的轨迹数据流可以提供实时的交通信息，并利用其为移动用户推荐最合适的交通选择。电动汽车的轨迹被用来部署充电桩和充电站。智能卡交易记录了通勤者的公共交通历史，并被用来发现城市通勤模式。利用多模式公共交通系统的智能卡数据可以估计出发地和目的地矩阵。Ma 等（2013）提出了一种高效的数据挖掘方法，可以从公交智能卡数据中探索个人通勤者的出行模式。Liu（2015）通过整合出租车轨迹数据，识别和优化了有缺陷的公交路线。

聚类是传统数据挖掘中一种应用广泛的数据分析技术，许多聚类算法已经被提出并应用于各个学科。聚类方法按数据集的不同可以有不同类型的划分。常用的聚类方法有 K 均值聚类（K-Means）、模糊 C 均值聚类（FCM）、基于密度的噪声空间聚类（DBSCAN）等。其中，K-Means 算法是应用最广的聚类方法，其原理是确定聚类数目 K，通过不断迭代聚类中心，找到每个聚类的质心，使样本到所属聚类的质心的距离最小，用该方法来预先确定聚类数目较为困难，容易受噪声数据影响。

FCM 是一种模糊聚类方法，与 K-Means 聚类不同的是，FCM 引入了隶属度的概念，每个样本可以以一定的隶属度从属于两个或多个类，从而大大提高了其应用范围。FCM 虽然应用广泛，但是其自身也存在诸多不足，例如，其确定最佳聚类数目较为困难，聚类划分容易受到数据分布的影响，而且容易陷入局部最优。许多研究者致力于改进 FCM 算法，使其跳出局部最优，达到全局最优。还有一些学者研究改进 FCM 以将其应用于不同的数据类型中。此外，为了扩大 FCM 聚类的应用范围，将部分监督知识集成，形成了半监督模糊聚类方法。

对于轨迹数据的聚类，DBSCAN 是一种应用普通的聚类方法。作为一种基于密度的聚类算法，它将类定义为密度相连的点的最大集合，可以将密度足够大的区域划分为聚类，并可以在噪声空间数据库中找到任意形状的聚类。K-Means 方法需要先验的集群，而 DBSCAN 算法不需要设定集群数量，但需要给定范围半径和最小密度值，以便集群拥有任意形状。因此，DBSCAN 算法在空间大数据的聚类分析中得到了广泛的应用。Kieu 等（2015）采用双层 DBSCAN 算法挖掘个人出行模式，然后提出先验方法对过境旅客进行分类。Ma 等（2013）应用 DBSCAN 算法对出行模式相似、车站 ID 序列相似的乘客进行聚类。Medina 和 Arturo（2016）识别了公共交通用户的主要活动时间，并运用 DBSCAN 聚类算法识别出最常见的活动模式。此外，Salamanis 等（2017）提出了一种基于 DBSCAN 算法识别流量的准确流量预测模型。

### 2.2.2 面向通勤者需求的站点选择问题

交通网络设计是通过优化特定的目标函数，如最小成本或最短时间，确定公交线路布局中的路线和站点之间的距离。现有的大多数交通网络设计的解决方案都是基于给定的道路网络基础设施优化路线布局。车辆站点已经设置于道路网络中，或者将路网相邻节点的序列作为车辆线路站点，而较少单独考虑站点部署。例如，Cancela 等（2015）在给定的街道和站点设施基础上搜索最优车辆路线。Nayeem 等（2014）提出用遗传算法来规划现有道路网上的车辆路线，但需要自定义车站的位置。Cipriani 等（2010）以相邻节点序列来表示车辆路线并确定最优路线。

只针对站点部署的研究较少，站点部署是在一组候选位置集合中选取最优站点，候选站点可能位于安全的主干道路上、已有的公交站点路口或交通路口附近。选择交通网络中车站位置的不同方法主要有两个：一个是基于站点部署的目标函数，另一个是基于对乘客使用所提供的运输服务的需求。对于第一个方法，站点部署的目标函数通常设置有最小化乘客最大步行距离、最小化乘客总步行距离和最小化站点总数量。对于第二个方法，模型设置给定每个站点的覆盖范围。乘客根据交通服务的方便程度选择通勤方式。决策者可以选择规划不同的站点数量来确定需要服务的乘客量，如满足所有客户或者满足大部分乘客。此外，一些研究者将车站部署建模的目标设定为车站间距离的平衡。

一些研究同时优化车辆站点的位置和路线。在这些研究中，站点选择是车辆路径规划的一个重要子问题，根据站点候选集合来选择使车辆线路最优的站点位置。求解这类综合优化问题通常采用循序渐进的方法。也就是说，车辆的站点选择程序和路由选择程序是一个接一个执行的。要么先选择车站，然后再选择路线；要么先将乘客分类，再选择车站。这两种策略分别被称为位置—分配—路由（LAR）和分配—路由—位置（ARL）策略。其中，位置—分配—路由代表以下子问题：①选择站点集合。②为每个乘客确定其乘车站点。③确定车辆行驶路线，使汽车行驶的总距离最小。Szeto 和 Jiang（2014）将站点位置选择、路线设计和频率设置整合为一个双层规划模型。先解决车辆站点选择子问题，每个站点的位置都是车辆路线规划问题的输入。因此，站点位置选择问题很容易集成到路由决策中。但是，在双层模型的解中发现所得站点不是站点选择子问题的最优解。为了避免这个问题，Riera-Ledesma 和 Salazar-Gonzalez（2013）建立了考虑最小化车辆总路线距离和乘客步行距离的双目标模型。此外，Schittekat 等（2013）建立了整数规划模型，以行走距离为约束条件寻找总行驶距离最短的路径。

### 2.2.3 时间需求不确定的车辆路径问题

在车辆路径问题（VRP）中，会遇到一些不确定因素，主要分为两个方面：一方面是行驶时间的不确定。由于车辆在不同时段和不同路段的速度不一样，受早晚高峰或工作日影响，行驶时间会变化。此外一些突发状况，如交通拥堵或特殊天气也会导致行驶时间不确定。另一方面是乘客需求的不确定。在运输服务开始之前不能获取乘客的信息，乘客的需求时间、乘客的数量等都是变化的，存在动态变化的特点。时间需求不确定的 VRP 问题近年来受到越来越多的关注。

随机时间和需求的车辆路径问题（Stochastic Vehicle Routing Problem，SVRP）通过考虑随机的行程时间和客户需求的不确定性而扩展了 VRP。在这个问题中，行程时间和客户的需求只有在规划配送路线时才知道大概的分布。针对时间的不确定性有以下相关研究：Ando 和 Ehmke 提出了一种为所有客户提供这种概率分布情况的方法，考虑了如何计算每位客户的开始服务时间和到达时间分布，使总成本最小化，这些分布用于创建可行性检查，可以“插入”到 SVRPTW（Stochastic Vehicle Routing Problem with Time Windows）的任何算法中，从而用于快速解决大型问题。Errico 等（2016）将 SVRP 定义为一个集合划分问题，并采用精确的分支定价算法进行求解。通过适当选择标签组件，确定扩展函数，以及在列生成步骤中开发局部路由缩减开销的上下限来开发高效的标签算法。Nakamura 等（2010）提出了一个模型来确定车辆的最优分配和车辆从仓库出发的时间。他们采用 Miller-Hooks（2001）、Nie 和 Wu（2009）提出的最短路径算法研究了选择不同最短路径的影响，以探索静态或动态的链路行驶时间的影响。Rajabi-Bahaabadi 等（2015）提出了一种在随机和时变网络中考虑出行者不同路径选择偏好的多目标最优寻路算法，在路径行驶时间的期望值和方差之间进行权衡。Miranda 和 Conceio（2016）提出了一种新的车辆到达顾客点的时间估计方法和车辆遵守时间的概率估计方法。基于迭代局部搜索的元启发式算法以最小的成本找到最佳路径，并保证满足特定级别的服务。在大型车辆通勤服务的研究中，Nakamura 等（2010）研究了不确定性对通勤班车行驶时间的影响。Babaei 和 Rajabi-Bahaabadi（2019）提出了一种启发式方法来解决不确定班车行驶时间问题。Caceres 等（2016）提出以最小化班车数量为目标函数，并考虑了客流量和行驶时间的不确定性。

在规划配送路线时，如果客户需求不确定，就会出现具有随机需求的车辆路径问题（Vehicle Routing Problem with Stochastic Demands，VRPSD），这个问题在已有文献中受到了一定的探讨。Chang（2005）针对 VRPSD 提出了一种带追索权的两阶段随机规划模型。在第一阶段计划一组预先的送货路线，在第二阶段显示客户的实际需求。目标是设计一组先验的交付路线，使承运人的期望总成本最小化。Sumalee 等（2011）提出了一个考虑网络供需双方不确定性的多式联运网络分配模型，该模型采用不动点问题的 Probit 随机用户均衡框架，考虑了出行者的感知误差，提出了一种求解不动点问题的启发式算法。Zhu 等（2014）为 VRPSD 问题设计了车辆路径协同的两阶段优化策略，给出了多车辆协同的双层马尔科夫决策过程模型。Smith 等（2010）针对动态车辆路径问题，设定有多个车辆和服务需求的优先级，每个优先级的服务需求随时间随机出现，为服务车辆设计一个路由策略。Campbell 等（2011）讨论了一个出行和服务时间都是随机的定向问题的变种问题，提出解决该问题的启发式方法，并应用于一般问题的实例中。Berhan 等（2014）针对不同的领域和属性建立随机车辆路径问题的结构分类，研究结果表明，不同领域、不同属性下的研究数量存在明显差异，研究最多的是随机客户需求、有容量要求的车辆、成本最小的目标函数，而研究最少的是最大化目标函数、随机服务时间和随机递归模型。

大型通勤车辆的服务对象主要为城市通勤者，其在城市范围内分散在不同的上下车地点处。Lyu 等（2019）提出了一个综合的定制公交优化系统，可以在系统中优化定制公交站点位置、路线和时刻表，该系统考虑了车辆行驶时间、站点距离和费用对乘客出行方式选择的影响。Huang 等（2020）研究了一个需求响应型定制公交网络设计问题，提出了两阶段优化框架，即以交互的方式动态插入乘客请求，并根据总体需求进行服务网络静态优化。

## 2.3 多目标优化方法

多目标优化问题的数学表达式可以表示为式（2-1）。其中，$X$ 是可行的决策向量集合，$x \in X$ 是决策变量，$f_i(x)$ 是第 $i$ 个目标分量，$F(x) = \{f(x) \mid x \in X\}$ 是决策向量映射的目标空间。

$$\min F(x) = \{f_1(x),\ f_2(x),\ \cdots,\ f_n(x)\},\ x \in X \tag{2-1}$$

多目标优化问题中目标之间是相互制约的，需要同时优化多个目标，如投资的成本和产品的质量、收益与风险等。由于目标间是竞争的关系，不存在一个最优解使所有目标都最优。通常是得到一组最优解，决策者从中选择合理的方案。多目标优化中 Pareto 最优解的相关定义如下：

定义 1：对于任意两个可行解 $x_1$，$x_2 \in X$，当 $f_i(x_1) \leqslant f_i(x_2)$，$i = 1$，2，…，$n$，且其中至少存在一个不等式严格，则称 $x_1$ 支配 $x_2$。

定义 2：当不存在任意 $x \in X$ 使 $f_i(x) \leqslant f_i(x^*)$，$i=1$，2，…，$n$，则称解 $x^* \in X$ 为弱 Pareto 最优解。

定义 3：当不存在任意 $x \in X$ 使 $f_i(x_1) \leqslant f_i(x^*)$，$i=1$，2，…，$n$，且其中至少存在一个不等式严格，则解 $x^* \in X$ 为 Pareto 最优解。

Pareto 最优解是不被任何解支配的解，所有非支配解的集合是 Pareto 最优集。Pareto 最优集中最优解的目标函数集合为 $f_i(x^*)$，$i=1$，2，…，$n$，称为 Pareto 前沿。

在已有研究中，已经有许多方法来解决多目标优化的问题。根据处理目标的方式策略，可以分为两类：多目标进化方法和标量化方法。多目标进化方法利用进化算法结合多目标优化策略来求解多目标问题，而标量化方法的核心思想是将多目标优化问题转化为单目标优化问题。

### 2.3.1 多目标进化方法

越来越多的研究者应用进化算法来求解多目标问题。以 Zitzler 和 Thiele（1999）提出的 SPEA（Strength Pareto Evolutionary Algorithm）为起点，将精英策略引入到多目标进化算法中，随后在 2001 年又提出了应用更为广泛的 SPEA2 算法。Deb（2000）提出了基于快速非支配解排序的遗传算法（NSGAII）。在随后的研究中，NSGAII 又与基于拥挤密度排序机制、非支配解排序机制和遗传算法交叉变异操作相结合而得到了改进，以解决多目标优化问题。Abbass 等（2001）提出了差分进化算法（Multi-objective Differential Evolutionary Algorithm，MDEA）解决多目标问题。2005 年，Rakesh 和 Babu（2013）提出了基于非劣解排序的差分算法（Non-dominated Sorting Differential Algorithm，NSDE）。

多目标进化算法的优点是每次迭代都可以产生多个解，从而快速算出近似的 Pareto 前沿。然而，尽管进化算法的求解效率通常非常高，但其求解精确度高度依赖初始群体和参数选择。近年来，关于多目标优化算法的研究表明，在解决复杂优化问题时，越来越多地使用混合算法解决单一进化算法陷入局部最优的问题。如 Elhossini 等（2014）提出了一种处理多目标优化问题的高效粒子群算法（EA-PSO），他们将进化算法（Evolutionary Algorithm，EA）和粒子群优化算法（Particle Swarm Optimization，PSO）结合，并将算法与 SPEA2 进行了对比，结果证明 EA-PSO 在 CPU 时间占用方面具有优势。Afshar 等（2009）提出了非支配蚁群优化算法（NA-ACO），将进化算法 NSGAII 与蚁群优化算法（Ant Colony Optimization，ACO）相结合形成新的算法，

并在实验中与NSGAII做了对比，证明了算法的优势。Matai等（2015）提出了一种基于改进模拟退火算法（SA）的多目标设施布局问题的求解方法，并在实验中证明了其优越性。Wang等（2018）提出了一种由变邻域搜索（VNS）和考虑时空距离的遗传算法（Genetic Algorithm，GA）组成的启发式算法来解决多目标的混合时间窗车辆路径问题（MO-VRPMTW）并与NSGAII做了对比，证明了其有效性。此外，Wang等（2018）提出了一种多目标进化算法EL-DMOEA来对DVRPTW问题进行求解，EL-DMOEA基于NSGAII算法，引入了集成算法的思想，能够明显提高算法性能。Ouertani等（2020）针对时间窗危险物品车辆路径问题（DHVRP）进行研究，目标是在预定的时间范围内，找到运输成本和旅行风险都最小的最佳路线，以满足客户的需求；开发了基于双种群遗传算法和变邻域搜索的决策支持系统。

### 2.3.2 标量化方法

标量化方法是研究多目标优化问题的一个重要途径。其中，使用最广泛的标量化方法有线性加权法和$\varepsilon$约束法。

（1）线性加权法。线性加权法是通过线性加权的方式将多目标优化问题转换为单目标优化问题，如式（2-2）所示。

$$\min \sum_{i=1}^{n} \beta_i f_i(x),\ x \in X \tag{2-2}$$

线性加权法需要设置各个子目标的权重，转换的单目标是所有目标的线性加权，得到的单目标问题是Pareto最优解。如果子目标的线性组合不能合理表达，则不适用该方法来求多目标最优解。此外，权重的设置会严重影响解的质量。

（2）$\varepsilon$约束法。$\varepsilon$约束法是决策者根据其偏好，选择一个主要目标，而其他目标只要满足约束即可。如式（2-3）中设定第$m$个目标为主要目标，其余目标函数则转为约束条件。

$$\min f_m(x) \quad \text{s. t.} \ \ f_i(x) \leqslant \varepsilon_i \quad i=1,\ 2,\ \cdots,\ n,\ i \neq m,\ x \in X \tag{2-3}$$

$\varepsilon$ 约束法的最优解是 Pareto 弱有效解。但如果以合适的方式找到 $\varepsilon$ 向量最优值，则可求出 Pareto 前沿。

近年来，约束法和进化算法混合成为求解多目标问题的主要方法，这一系列方法既提高了解的精确度，又提高了求解效率。Aghaei 等（2011）提出了一种结合字典优化和增广约束的求解方法来解决电力市场的电压和安全平衡的双目标问题。Qu 等（2011）采用了不同的约束处理方法来求解约束多目标优化问题，并将集成约束算法与多目标差分进化算法（MODE）相结合。Ning（2017）提出了一种改进的混合多目标优化算法 MOEA（Multi-Objective Evolutionary Algorithm），每个种群解根据约束违背程度和帕累托秩分配一个约束非支配秩，在可行性和最优性之间取得平衡。Yang 等（2019）提出了一种基于改进的 $\varepsilon$ 约束处理方法的多目标差分进化算法 MODE-SaE，该方法可以自适应调整 $\varepsilon$ 水平，还能将可行解保存到外部档案中，通过协同进化策略参与种群进化，并且在全局搜索方面更有优势。Dolatnezhadsomarin 和 Khorram（2018）提出一种混合的 $\varepsilon$ 约束和 Pascoletti-Serafini 标量化方法来解决双目标问题，实验证明了所提出的算法能较好地逼近整个 Pareto 前沿。

## 2.4 研究评述

通过对面向通勤者需求的小型车辆拼车优化问题、面向通勤者需求的大型车辆运营优化问题和多目标优化方法研究文献的梳理可以发现，国内外学者在小型汽车拼车优化和大型车辆路径规划方面已经开展了大量的研究，并且用了诸多方法，如精确算法、启发式算法和元启发式算法。然而，少有文献研究考虑通勤者选择行为的小型汽车拼车优化问题和考虑通勤者选择行为的大型车辆路径规划问题。一些研究者研究了考虑通勤者偏好的拼车匹配问题，但并没有将通勤者出行方式选择行为结合到拼车方案设计中，没有建立拼车方案优化与通勤者行为之间的关系。一些研究者对通勤者出行行为进行了相关研究，并制定了相应的定制公交路线方案，但没有同时提出有效的求解方法来优化路径安排和站点布置。还有许多研究者研究了考虑需求不确定的车辆路径优化问题，而没有将通勤需求变化的具体特征发掘出来，并结合到路径优化问题中。因此，本书着重讨论考虑结合通勤者行为的小型汽车、大型汽车运营优化问题，主要有以下几个方面的内容：

（1）在小型汽车拼车问题中，利润的获取是关键，以往的研究重点考虑的是减少行驶成本而提高服务利润，忽略了提高收入对拼车业务的决定性影响，而增加通勤者在拼车服务中的参与度是提高收入的直接途径。因此需要对通勤者的出行方式选择行为进行模拟，并将其放至小型汽车拼车优化模型中，给出考虑通勤者出行方式选择的拼车优化方案，以提高拼车业务利润。

（2）在以往的文献中，关于公司通勤班车优化的研究较少，已有研究往往把它与校车路径优化问题归为一类。然而，公司通勤班车在服务对象和服务目标上与校车路径优化问题都显著不同。通勤者更为敏感的需求和车辆行驶时间的不确定性会影响服务质量。需要针对公司通勤班车的特征，制定最优的站点选择和路径优化方案，以提高公司通勤班车服务的竞争力。

（3）目前正在新兴的辅助公交业务——定制公交引起了很多研究者的兴趣，然而以往的定制研究对于通勤者的需求分析较多，对于通勤者需求与定制公交路线优化方案相结合的研究不足，线路规划较为粗糙，并没有深入开发定制公交的站点选择和路线规划问题中有效的算法。开发考虑通勤者选择行为的定制公交线路优化方法是目前提升辅助公交服务能力的有力途径。

## 2.5 本章小结

本章主要回顾了面向通勤者需求的小型车辆拼车优化问题和面向通勤者需求的大型车辆运营优化问题和多目标优化方法的相关研究，以通勤者出行行为、拼车匹配、数据聚类、站点选择和路径优化问题为分类基础，分析了辅助公交系统中各个通勤服务的研究热点内容。随后，针对多目标优化方法中的多目标进化方法和标量化方法做了相关研究成果梳理。总结评述了在辅助公交系统中需要深入研究的方面。

# 第3章　考虑通勤者出行方式选择的小汽车拼车匹配和路径优化问题

小汽车拼车是一种重要的辅助公交服务模式。近年来，小汽车拼车出行模式的应用越来越广泛，其低成本、低污染、高效率的特点受到大量业界以及学术界的关注。以往关于拼车的相关研究主要集中在降低服务成本、提高匹配度方面，而增加用户黏度、扩大拼车的用户市场也尤为重要。本章从小汽车拼车服务运营商角度出发，在拼车方案优化研究中考虑通勤者出行方式的选择行为，建立了基于 CPT 理论的多目标优化模型；提出了一个启发式 FNDS-$G_{ps}$ 算法来解决小规模算例；设计了一个混合 VNS-NSGAII 算法来解决大规模算例；基于实际数据进行了大量实验来测试所提出的算法的性能。本章研究旨在通过降低成本、提高服务质量以加强通勤者长期使用拼车业务的黏性，从而使拼车业务在交通服务市场中良性发展。

## 3.1 引言

居民的日常通勤给交通网络带来很大压力。近年来，小汽车拼车的出行方式逐渐受到通勤者和社会欢迎。小汽车拼车指乘客协商共同乘坐同一辆小汽车出行的行为。公共交通服务通常可以搭载多名乘客，有助于减少车辆总行驶里程，缓解交通压力，但是，公共交通服务的特点是其具有固定的行驶路线和时间表，这限制了城市网络服务的覆盖范围。出租车提供门到门的交通服务，但出行费用较高，不是每个通勤者都能负担得起的。与传统的交通方式相比，小汽车拼车这种出行方式拥有比公共交通更好的灵活性，可以提高运输效率，降低燃料消耗，为通勤者带来更低的成本。目前，有很多交通服务平台提供拼车服务，如优步、携程等拼车平台通过实时匹配司机和乘客，可以协调司机为行程相似的乘客提供拼车服务。

通勤者是城市交通中的重要角色，具有数量大、日常出行轨迹稳定的特征。由于城市交通是一个涉及社会各个方面的复杂问题，仔细考虑不同利益相关者的要求至关重要，为此，考虑通勤者出行方式的选择对城市交通具有重要意义。拼车这种出行方式可以为通勤者带来更低的费用和相对较高的效率。因此，拼车服务供应商和管理决策者在服务运营设计过程中，应考虑加强对通勤者的吸引力，提高通勤者的使用满意度，促使拼车服务在市场中良性发展。本章从拼车服务供应商的角度出发，探讨拼车方案与通勤者出行方式选择行为之间的相互影响，设计优化的拼车匹配和路线方案。

通勤者出行方式的选择主要是由以往出行经验形成的心理预期，而人们在不确定环境下的决策往往是有限理性的，结合有限理性通勤者的特征研究拼车的优化方案具有实际意义。前景理论（PT）和累积前景理论（CPT）是在不确定性环境下决策行为研究中应用最广泛的理论。本章结合累积前景理论考虑有限理性通勤者的拼车匹配和路径优化问题。

本章主要的内容安排：3.2 节对问题进行了描述。3.3 节建立了双目标优化模型。3.4 节提出了求解小规模算例的启发式算法和求解大规模算例的混合智能算法。3.5 节设计了实验案例，进行了模拟、算法比较和参数分析。3.6 节对本章内容作了小结。

## 3.2 问题描述

本章在小汽车拼车优化问题中考虑了通勤者对通勤方式的选择。为此，首先需要建立一个小汽车拼车模型，该模型可看作 PDPTW 的一个变体。每个拼车需求都有一个起点和一个终点。司机在不同的接车地点选择乘客，但下车地点相同。我们需要得到一个合理的拼车方案使利润最大化。在模型中，我们考虑通勤者出行方式的选择行为。

通勤者的拼车决策受多种因素影响，其中，出行时间和出行费用是影响通勤者感知效用的两个重要指标。拼车方案的不同将使通勤者产生不同的时间感知和费用感知。如果通勤者对拼车这种出行方式的感知价值不能满足他们的预期，他们就会改变自己的选择。图 3-1 演示了通勤者 1、2、3、4 的出行行程，他们有相近的出行出发地、目的地和出发时间，可以将他们分组到同一辆车中。解决方案 1 描述了一辆汽车为通勤者 1、2、3、4 提供服务。然而，由于出行时间过长，通勤者感知价值较低，这将改变通勤者后续出行的拼车决策。因此，我们建议方案 2，即通勤者 1 和 2 乘坐同一辆车，通勤者 3 和 4 乘坐同一辆车。这种解决方案可以减少通勤者的额外出行时间，从而提高通勤者对小汽车拼车出行的感知价值。因此，司机需要在通勤者的感知价值和车辆成本之间进行权衡。

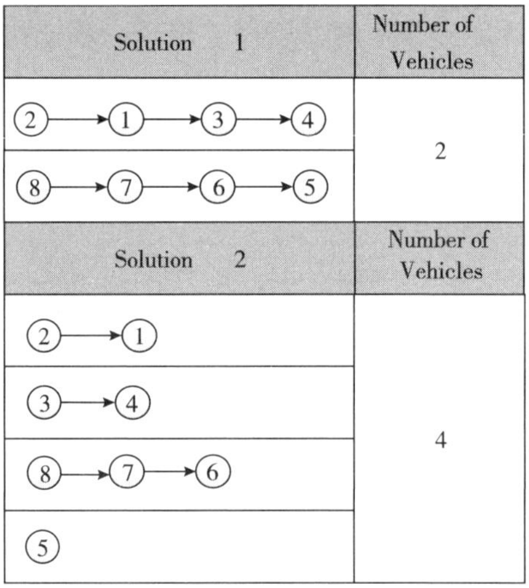

| Solution 1 | Number of Vehicles |
|---|---|
| ② → ① → ③ → ④ | 2 |
| ⑧ → ⑦ → ⑥ → ⑤ | |
| **Solution 2** | **Number of Vehicles** |
| ② → ① | 4 |
| ③ → ④ | |
| ⑧ → ⑦ → ⑥ | |
| ⑤ | |

**图 3-1　通勤者拼车**

针对乘客和司机的时间约束特征，我们定义了硬时间窗，也就是说，乘客必须在最晚到达时间之前被送到目的地。并且，车辆可以晚于乘客最早的出发时间到达上车地点，乘客可以等待车辆到达。研究假设每个上车点的服务时间为零，每个通勤者每天都有相同的时间表和时间窗口。在模型中假设通勤者连续一段时间选择拼车通勤，通勤者对于每次的拼车体验有自己预期的行程时间和费用，预期的经验来源于过去拼车体验的积累。图 3-2 演示了这项拼车服务，该服务满足通勤者的到达时间和目的地要求，当乘客选择这

项服务时，他们有一个预期的出行时间。图 3-2（a）显示了四名通勤者拼一辆车的服务时间表，车辆到达时间晚于通勤者 1、2、4 的预期时间。图 3-2（b）表示为四名通勤者提供两辆车服务，车辆到达时间早于通勤者 1、2、3、4 的预期时间。

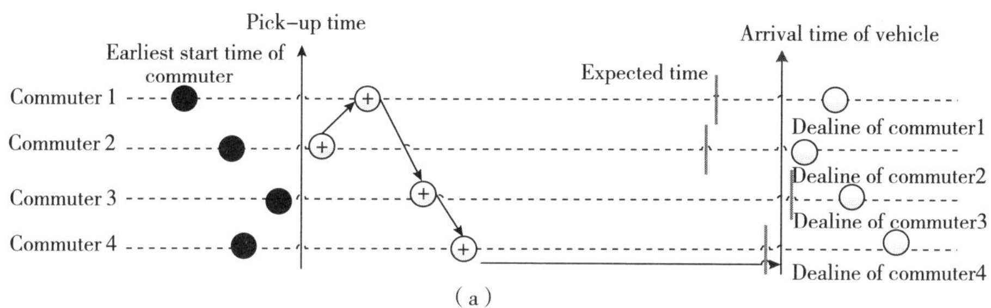


（a）

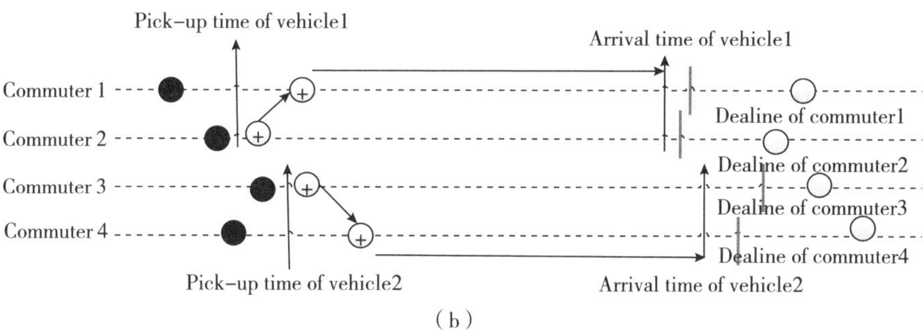


（b）

**图 3-2　拼车服务的运营**

除了时间因素外，本章还考虑了预期费用因素，由时间和费用共同产生了通勤者对出行方式的感知价值。而考虑通勤者感知价值的拼车方案优化问题和以往的拼车优化问题不同，图 3-3 说明了拼车方案和通勤者决策行为之间的关系。拼车体验形成了通勤者在这种出行模式下的感知价值。感知价值是通勤者做出行方式选择的基础。

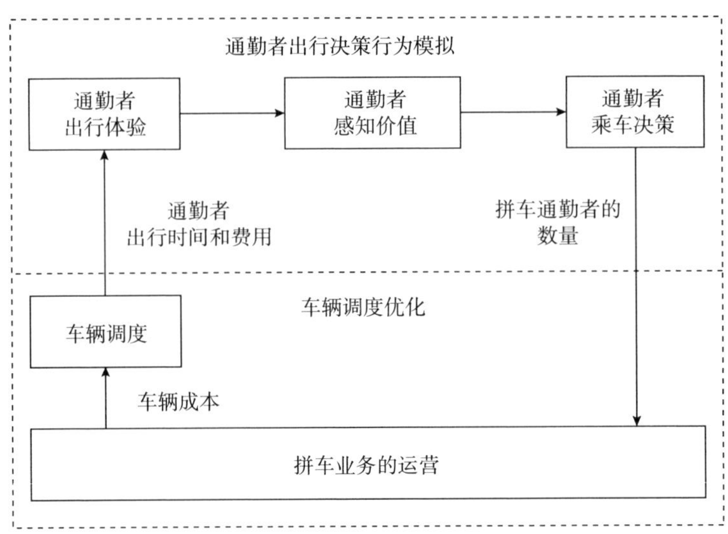


**图 3–3　拼车方案与通勤者决策行为的关系**

在我们的研究中，决策变量为车辆与乘客的匹配和车辆路线，要达到以下两个主要目标：

（1）增加选择拼车的通勤者人数。

（2）减少拼车服务的成本。

## 3.3 模型建立

### 3.3.1 前景理论与累积前景理论模型

出行的通勤者个体在进行决策时往往呈现出有限理性的特征，这种决策实际上是一种不确定环境下的决策过程。前景理论是目前描述不确定环境下

决策行为最准确的模型，该理论结合了心理学和行为经济学，真实地反映了人在变化环境中的决策过程。前景理论目前已被应用到经济、交通等各大领域。本章基于累积前景理论研究通勤者选择小型汽车拼车这种通勤方式的心理决策问题，相关理论如下：

（1）前景理论。前景理论（PT）描述了人们在不确定条件下的决策。前景理论引入了以下两种行为见解：

其一，个体根据一个参考点区分收益和损失，在这两个区域中的表现不同，在收益部分追求风险，在损失部分则偏向于规避风险。所以个体价值函数呈现S型，在收益部分是凸函数，在损失部分是凹函数，如图3-4（a）所示，其判断的价值函数如下：

$$v(x)=\begin{cases}(x-x_0)^{\alpha}, & x\geqslant x_0\\ -\lambda(x_0-x)^{\beta}, & x<x_0\end{cases}\tag{3-1}$$

其中，参数 $x_0$ 为参考点，参数 $\alpha$、$\beta$ 分别为收益和损失的敏感系数，参数 $\lambda$ 表示损失规避系数。

其二，概率不是线性的，权重大的事件概率小，权重小的事件概率大。由 Tversky 和 Kahneman（1992）提出的权重函数［见图3-4（b）］可知，$w^{+}(p)$、$w^{-}(p)$分别为收益和损失的感知概率，其中，$p$ 为结果发生的实际概率，函数表示如下：

$$w^{+}(p)=\frac{p^{\gamma}}{|p^{\gamma}+(1-p)^{r}|^{1/\gamma}}\tag{3-2}$$

$$w^{-}(p)=\frac{p^{\delta}}{|p^{\delta}+(1-p)^{\delta}|^{1/\delta}}\tag{3-3}$$

（2）累积前景理论。累积前景理论（CPT）是前景理论进一步发展的变体。前景理论用来描述一次性决策，而累积前景理论则被应用于一段时间的日常决策中。CPT和PT主要的区别是前者采用累积的概率权重而不是单个概率权重。如式（3-4）所示，有一组决策方案（$x_i$，$p_i$），其中，$-m \leqslant i \leqslant n$，$x_i$ 递增排序。决策概率权重表示为：

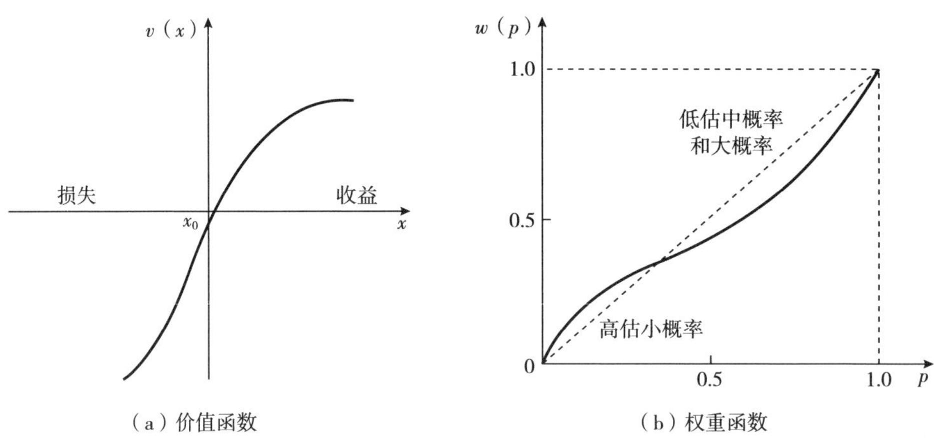


**图 3-4　价值函数和权重函数**

$$\pi_i^+ = w^+(p_i + \cdots + p_n) - w^+(p_{i+1} + \cdots + p_n),\ 0 \leqslant i < n \tag{3-4}$$

$$\pi_i^- = w^-(p_{-m} + \cdots + p_i) - w^-(p_{-m} + \cdots + p_{i-1}),\ -m < i \leqslant 0 \tag{3-5}$$

方案（$x_i$，$p_i$）的累积前景值（Cumulative Prospect Value，CPV）可表示为：

$$CPV = CPV^+ + CPV^-,\ CPV^+ = \sum_{i=1}^{n} \pi_i^- v(x_i),\ CPV^- = \sum_{i=-m}^{0} \pi_i^- v(x_i) \tag{3-6}$$

其中，$CPV^+$是“收益”部分的累积感知价值，$CPV^-$是“损失”部分的累积感知价值。

### 3.3.2　考虑通勤者选择行为的拼车模型

本章在模拟通勤者出行选择行为的基础上，建立了一个小汽车拼车匹配和路径优化问题的混合整数规划（MIP）模型。其中，车辆—乘客的匹配和

车辆路线为决策变量。模型中的符号表示如表 3-1 所示。

目标是最大化拼车的通勤者人数［见式（3-7）］和最小化拼车服务的成本［见式（3-8）］：

$$F1: \max \sum_{i=1}^{N} X_i \tag{3-7}$$

$$F2: \min \sum_{j=1}^{m} \sum_{l=1}^{L} Cost_{jl} = \sum_{j=1}^{m} \left( \sum_{l=1}^{L} D_{lij}^{or} \cdot f + \sum_{l=1}^{L} B_{lj} y_{lj} \right) \tag{3-8}$$

**表 3-1　符号及其定义**

| 参数 | 定义 |
|---|---|
| $i$ | 通勤者 |
| $N$ | 通勤者集合 |
| $j$ | 天 |
| $m$ | 人们对出行感知的记忆时间长度 |
| $L$ | 车辆数 |
| $l$ | 车辆 |
| $x_{lior}$ | 0~1 为决策变量，表示通勤者 $i$ 乘坐车辆 $l$ 从点 $o$ 到点 $r$ |
| $Cost_{lj}$ | 车辆 $l$ 在 $j$ 天的成本 |
| $d_{ik}$ | 点 $i$ 到点 $k$ 的距离 |
| $D_{lij}^{or}$ | 通勤者 $i$ 第 $j$ 天在车辆 $l$ 中行驶的距离 $j$ |
| $f$ | 每公里燃油费 |
| $B_{lj}$ | 车辆 $l$ 在 $j$ 天的固定成本 |
| $x_{ijl}$ | 0~1 为决策变量，$x_{ijl}=1$ 表示通勤者 $i$ 在 $j$ 天选择拼车，并且车辆 $l$ 服务通勤者 $i$，0 表示其他 |
| $y_{lj}$ | 0~1 为决策变量，$y_{lj}=1$ 表示车辆 $l$ 在 $j$ 天进行拼车服务，0 表示其他 |
| $LT_{ij}$ | 通勤者 $i$ 在 $j$ 天的最晚到达时间 |
| $ET_{ij}$ | 通勤者 $i$ 在 $j$ 天的最早出发时间 |
| $t_{ij}$ | 通勤者 $i$ 在 $j$ 天从起点到终点的通勤时间 |
| $tw_{ij}$ | 通勤者 $i$ 在 $j$ 天的开始服务时间 |
| $CV_{lj}$ | 车辆 $l$ 在 $j$ 天的平均速度 |
| $MQ$ | 车辆的载重量 |

续表

| 参数 | 定义 |
| --- | --- |
| $s$ | 通勤者的出行方式，$s=1$ 为拼车，$s=2$ 为不拼车 |
| $t_i^s$ | 通勤者 $i$ 在出行模式 $s$ 下的出行时间 |
| $bt_i^s$ | 通勤者 $i$ 在出行模式 $s$ 下的出行时间参照点 |
| $tp_i^s$ | 出行时间 $t_i^s$ 在出行方式 $s$ 中的概率 |
| $t_i^{s'}$ | 通勤者 $i$ 在 $m+1$ 天的出行时间感知 |
| $tp_{ir}^s$ | 第 $r$ 天的出行时间权重 |
| $v\ (t_i^s)$ | 出行时间的价值函数 |
| $V\ (t_i^{s'})$ | 出行时间的累积前景值 |
| $c_{ij}$ | 通勤者 $i$ 在 $j$ 天从起点到终点的通勤费用 |
| $D_{lij}^{or}$ | 通勤者 $i$ 第 $j$ 天在车辆 $l$ 上从上车点到下车点的出行距离 |
| $Q_{lj}$ | 第 $j$ 天在车辆 $l$ 上的通勤者数量 |
| $fp$ | 乘客乘坐小汽车每公里支付费用 |
| $rp$ | 每个拼车乘客的费用比例 $fp \in [0,\ 1]$ |
| $v\ (c_i^s)$ | 乘车费用的价值函数 |
| $c_i^s$ | 通勤者 $i$ 在出行方式 $s$ 下的出行费用 |
| $bc_i^s$ | 通勤者 $i$ 在出行模式 $s$ 下的出行费用参照点 |
| $cp_i^s$ | 通勤费用为 $c_i^s$ 的概率 |
| $c_i'$ | 通勤者 $i$ 在第 $m+1$ 天的感知费用 |
| $cp_{ir}^s$ | 历史费用的权重 |
| $V\ (c_i^{s'})$ | 通勤费用的累积前景值 |
| $V_i^s$ | 综合前景值 |

对于本章中的拼车路径问题，约束条件为式（3-9）~式（3-35）。$D_{lij}^{or}$ 表示每天通勤者 $i$ 在车辆 $l$ 上乘坐的总里程。

$$D_{lij}^{or} = \sum_{o,\ r \in N} d_{ik} x_{lior} \quad i = 1,\ \cdots,\ N \quad l = 1,\ \cdots,\ L \quad j = 1,\ \cdots,\ m \tag{3-9}$$

通勤者一天只能得到一次服务，如等式（3-10）所示。

$$\sum_{l=1}^{L} x_{lij} = 1 \quad i = 1,\ \cdots,\ N \quad j = 1,\ \cdots,\ m \tag{3-10}$$

一辆车的通勤人数不能超过该车的容量，如等式（3-11）所示。

$$\sum_{i=1}^{N} x_{lij} \leqslant MQ \quad l=1, \cdots, L \quad j=1, \cdots, m \tag{3-11}$$

等式（3-12）和式（3-13）描述了乘客和司机的时间约束特征。

$$tw_{ij} \geqslant ET_{ij} \quad i=1, \cdots, N \quad j=1, \cdots, m \tag{3-12}$$

$$tw_{ij}+t_{ij} \leqslant LT_{ij} \quad i=1, \cdots, N \quad j=1, \cdots, m \tag{3-13}$$

通勤者的出行时间、距离和速度之间的关系，如等式（3-14）所示。

$$t_{ij}=D_{lij}^{or}/CV_{lj} \quad i=1, \cdots, N \quad j=1, \cdots, m \quad l=1, \cdots, L \tag{3-14}$$

我们以 CPT 为基础，对通勤者的拼车选择进行建模。本章分别以时间和费用为不同条件下的两个因素，分析通勤者的感知价值。定义出行方式为 $s=(1, 2)$，即拼车或不拼车。我们计算不同模式下的前景值，具体过程如下：

根据式（3-1），出行时间的价值函数如下：

$$v(t_i^s)=\begin{cases}(bt_i^s-t_i^s)^{\alpha}, & t_i^s<bt_i^s \\ -\lambda(t_i^s-bt_i^{sk})^{\beta}, & t_i^s \geqslant bt_i^s\end{cases} \tag{3-15}$$

其中，$0<\alpha \leqslant 1$，$0<\beta \leqslant 1$。

时间参照点的取值和乘客的预留时间有关，即时间窗口的长度与最短出行时间的差值，参照点 $bt_i^s$ 表示如下：

$$bt_i^s=D_i^{or}/CV_l \cdot \left(1+\frac{LT_i-ET_i-D_i^{or}/CV_l}{LT_i-ET_i}\right) \tag{3-16}$$

根据式（3-2）和式（3-3），出行时间的概率 $tp_i^s$ 的权重函数表示为：

$$w^{+}(tp_i^s)=\frac{(tp_i^s)^{\gamma}}{|(tp_i^s)^{\gamma}+(1-tp_i^s)^{\gamma}|^{1/\gamma}} \tag{3-17}$$

$$w^{-}(tp_i^s)=\frac{(tp_i^s)^{\delta}}{|(tp_i^s)^{\delta}+(1-tp_i^s)^{\delta}|^{1/\delta}} \tag{3-18}$$

通勤者感知的出行时间可能与真实的出行时间不同。随着出行体验的增加，出行者对出行时间的感知也在不断更新。Polak（1998）提出了一个出行者学习模型，该模型基于出行者记忆中的历史出行时间计算感知出行时间。

我们将感知的出行时间 $t_i^{s'}$ 公式化为学习模型，表示如下：

$$t_i^{s'} = \sum_{r=1}^{m} tp_{ir}^{s} t_{i(j-r)}^{s} \quad i=1, \cdots, N \quad j=1, \cdots, m \tag{3-19}$$

$$tp_{ir}^{s} = \frac{(m-r+1)}{\sum_{r=1}^{m} r} \quad i=1, \cdots, N \quad r=1, \cdots, m \tag{3-20}$$

其中，$tp_{ir}^{s}$ 是第 $r$ 天的出行时间权重，同时，也可表示为出行时间为 $t_{i(j-r)}^{s}$ 的概率。当出行时间随着路线和车辆调度的变化而变化时，通勤者会更新出行体验，对出行时间形成新的认知。

我们把通勤者 $m$ 天记忆的出行时间（$t_{i(j-r)}^{s}$，$tp_{ir}^{s}$）组合为一个可能的车辆行驶时间集合（$t_{iz}^{s}$，$tp_{iz}^{s}$），其中，$-a \leqslant z \leqslant b$。时间集合 $t_{iz}^{s}$ 以增量的方式进行排序，根据值分为三个集合：正结果、负结果和中性结果。根据式（3-4）和式（3-5），累积决策权重 $t\pi_z^+$ 和 $t\pi_z^-$ 分别表示为：

$$t\pi_z^+ = w^+(tp_{iz}^{s} + \cdots + tp_{ib}^{s}) - w^+(tp_{i(z+1)}^{s} + \cdots + tp_{ib}^{s}) \quad 0 \leqslant z \leqslant b \tag{3-21}$$

$$t\pi_z^- = w^-(tp_{i(-a)}^{s} + \cdots + tp_{iz}^{s}) - w^-(tp_{i(-a)}^{s} + \cdots + tp_{i(z-1)}^{s}) \quad -a \leqslant z \leqslant 0 \tag{3-22}$$

根据式（3-6），出行时间的累积前景值为：

$$V(t_i^{s'}) = \sum_{z=1}^{p} t\pi_z^+ v(t_{iz}^{s'}) + \sum_{z=-q}^{0} t\pi_z^- v(t_{iz}^{s'}) \tag{3-23}$$

通勤者出行费用是拼车决策的重要因素。本章采用的费用函数 $c_{ij}$ 如下：

$$c_{ij} = D_{lij}^{or} \cdot fp \cdot (1 - Q_{lj} \cdot rp)$$
$$i=1, \cdots, N \quad j=1, \cdots, m \quad l=1, \cdots, L \quad MQ \geqslant Q_{lj} > 1 \tag{3-24}$$

其中，$rp$ 为拼车支付调整系数，拼车通勤者所支付的费用比例与乘坐同一辆车的通勤者数量有关，且随着拼车人数的增加而减少。

乘车费用的价值函数为：

$$v(c_i^s) = \begin{cases} (bc_i^s - c_i^s)^{\alpha}, & c_i^s < bc_i^s \\ -\lambda(c_i^s - bc_i^{sk})^{\beta}, & c_i^s \geqslant bc_i^s \end{cases} \tag{3-25}$$

费用参考点的值这里指乘客单独乘坐一辆车的成本，$bc_i^s=D_i^{or}\cdot fp$。

通勤费用的权重函数根据 CPT 为：

$$w^+(cp_i^s)=\frac{(cp_i^s)^\gamma}{|(cp_i^s)^\gamma+(1-cp_i^s)^\gamma|^{1/\gamma}} \tag{3-26}$$

$$w^-(cp_i^s)=\frac{(cp_i^s)^\delta}{|(cp_i^s)^\delta+(1-cp_i^s)^\delta|^{1/\delta}} \tag{3-27}$$

通勤者的感知出行费用可能与实际出行费用不同。出行者对出行费用的感知会随着他们的出行经验而不断更新。我们在学习模型中得出感知出行费用，如式（3-28）所示。

$$c'_i=\sum_{r=1}^{m}cp_{ir}^s c_{i(j-r)}^s \quad i=1,\ \cdots,\ N \quad j=1,\ \cdots,\ m \tag{3-28}$$

其中，$cp_{ir}^s$ 为历史费用的权重，也可表示费用是 $c_{i(j-r)}^s$ 的概率。

我们把通勤者 $m$ 天记忆的出行费用（$c_{i(j-r)}^s$，$cp_{ir}^s$）组合为一个可能的出行费用集合（$c_{iz}^s$，$cp_{iz}^s$），其中，$-a\leqslant z\leqslant b$。时间集合 $c_{iz}^s$ 以增量的方式进行排序。累积决策权重 $c\pi_z^+$ 和 $c\pi_z^-$ 分别表示为：

$$c\pi_z^+=w^+(cp_{iz}^s+\cdots+cp_{ib}^s)-w^+(cp_{i(z+1)}^s+\cdots+cp_{ib}^s) \quad 0\leqslant z\leqslant b \tag{3-29}$$

$$c\pi_z^-=w^-(cp_{i(-a)}^s+\cdots+cp_{iz}^s)-w^-(cp_{i(-a)}^s+\cdots+cp_{i(z-1)}^s) \quad -a\leqslant z\leqslant 0 \tag{3-30}$$

通勤费用的累积前景值为：

$$V(c_i^{s'})=\sum_{z=1}^{p}c\pi_z^+ v(c_{iz}^{s'})+\sum_{z=-q}^{0}c\pi_z^- v(c_{iz}^{s'}) \tag{3-31}$$

通勤者选择出行方式的综合前景值为时间前景值和费用前景值的综合价值：

$$V_i^s=tw_i^s V'(t_i^{s'})+cw_i^s V'(c_i^{s'}) \tag{3-32}$$

其中，$V'(t_i^{s'})$ 和 $V'(c_i^{s'})$ 分别是标准化的时间和费用前景值。

$$V'(t_i^{s'})=\frac{V(t_{i'}^s)}{|V(t_{i'})|_{max}}-1\leqslant V'(t_i^{s'})\leqslant 1$$

$$V'(c_i^{s'})=\frac{V(c_{i'}^s)}{|V(c_{i'})|_{max}}-1\leqslant V'(c_i^{s'})\leqslant 1 \tag{3-33}$$

$tw_i^s$ 和 $cw_i^s$ 分别是时间和费用的权重，考虑到通勤者之间的差异，对于不同的乘客，指标的权重有所不同。本章采用基于参考点的定量方法确定指标权重：

$$tw_i^s : cw_i^s = \frac{|t_{i'}^s|_{min}}{bt_i^{sk}} : \frac{|c_{i'}^s|_{min}}{bc_i^{sk}} \tag{3-34}$$

通勤者的综合前景值随着感知价值的增加而增加，通勤者会选择感知价值高的出行方式。也就是说，通勤者选择拼车通勤的决策是由相对前景价值决定的。所以通勤者选择拼车的综合前景值为：

$$V_i = V_i^1 - V_i^2 \tag{3-35}$$

通勤者的拼车决策表示为：

$$X_i = \begin{cases} 1, & V_i > 0 \\ 0, & \text{其他} \end{cases} \tag{3-36}$$

综上所述，模型是在约束［式（3-9）~式（3-36）］下实现的目标函数（3-7）和函数（3-8）。与现有拼车模型相比，本章在模型中考虑了有限理性的通勤者的出行方式选择决策，并根据 CPT 模拟决策行为，建立约束条件。

## 3.4 算法设计

本章所研究的拼车问题是一个复杂的考虑 $m$ 天车辆调度的双目标问题。因此，由于解的搜索空间很大，问题很难快速解决。为了得到一个具有优势的 Pareto 最优解集，我们分开考虑了该问题的小规模和大规模实例。在这一节中，我们设计了两种新的算法来更好地解决小规模和大规模实例的问题。

在 3.4.1 节中开发了求解小规模问题的启发式算法 FNDS-$G_{ps}$，在 3.4.2 节中提出了一种混合的 VNS-NSGAII 算法来解决大规模问题。

### 3.4.1 启发式算法

本小节开发了一个 FNDS-$G_{ps}$ 算法来求解小规模的拼车问题。乘客分组是拼车问题的关键。我们将组合优化问题转化为 $G_{comb}(V, E)$，如图 3-5 所示。$G_{comb}(V, E)$中的节点 $v \in V$ 不仅包含每个通勤者，也包含所有的乘客分组组合。节点之间的每条边表示至少有一个相同的元素。我们定义了有向 $G_{dom}(V, E)$。$G_{dom}(V, E)$中的节点 $v \in V$ 表示拼车组合。节点之间的边表示两个组合之间的支配关系。$G_{ps}$ 中的节点 $v \in V$ 是拼车组合中的最优 Pareto 解集。

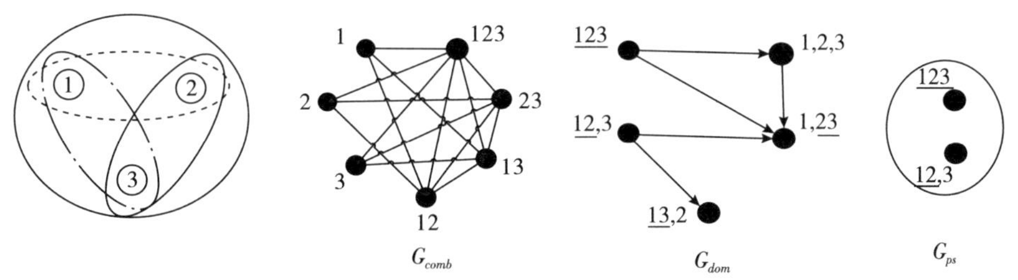


**图 3-5 三个通勤者构造 $G_{ps}$ 的例子**

以下是求解过程的步骤：

（1）创建图 $G_{comb}(V, E)$。

（2）创建一个有向支配图 $G_{dom}(V, E)$。

（3）找到最优的 Pareto 解集 $G_{ps}$。

Pareto 最优解的集合是通过对可行解的非支配排序得到的，通常采用成对比较的方法。时间复杂度是 $O(n^2)$。

命题1：构造 $G_{ps}$ 的时间复杂度为 $O(4^n)$。

证明：对于 $n$ 个通勤者，枚举所有拼车组合的时间复杂度为 $O(2^n)$。计算支配关系的时间复杂度为 $O[(2^n)^2]$，所以，构造 $G_{ps}$ 的时间复杂度为 $O(4^n)$。

定理1：对于任何解 $s_1$，$s_2$，$s_3 \in S$，支配关系是传递的。如果 $s_1 \succ s_2$，$s_2 \succ s_3$，则 $s_1 \succ s_3$。

引理1：如果可行解受其他任何解支配，那么这个可行解不在非支配解集中。解集$\{s_1, s_2, \cdots, s_p\}$是非支配解。如果 $s_i$ 是一个可行解，$\forall s_j \succ s_i$，则 $\nexists s_i \in \{s_1, s_2, \cdots, s_p\}$。

证明：有非支配解集$\{s_1, s_2, \cdots, s_p\}$，$\exists s_i \in \{s_1, s_2, \cdots, s_p\}$，如果有 $\forall s_j \succ s_i$，则集合$\{s_1, s_2, \cdots, s_p\}$不是非支配解集，与条件矛盾，则$\nexists s_i \in \{s_1, s_2, \cdots, s_p\}$。

定理2：设 $X$ 和 $Y$ 是有限图，那么 $X$ 是 $Y$ 子图当且仅当存在图 $G_0$，…，$G_n$，使 $G_0=Y$，$G_n=X$，并且每个 $G_{i+1}$ 是由 $G_i$ 删除一条边或一个顶点所得到的图。

对于 Pareto 非支配解集，我们采用了一种减少解的比较次数的方法。根据引理1，如果该解受另一个解支配，可以直接去掉该解，以避免该解与其他解的重复比较。根据定理1，在当前非支配解出现时，其比较支配解应被删除，因为它们应被当前的非支配解支配。如果用当前的非支配解代替比较支配解，则可以加快去除支配解的速度，降低比较解的频次。由上述性质可知，快速非支配解集的构造方法如表3-2、图3-6、表3-3所示。

**表3-2　FNDS-$G_{ps}$ 算法过程**

| FNDS-$G_{ps}$ 算法 | |
|---|---|
| 1 | 输入：GRG $G_{comb}$（$V$，$E$） |

续表

| FNDS-$G_{ps}$ 算法 |
| --- |
| 构建空图：$G_n$，$G_m$ |
| For $i \in N$ do |
| 枚举拼车组合 $K^i$ of $G_{comb}$ |
| End |
| For $k \in K^i$ do |
| If $\forall k_i > k_j$ |
| $G_n = G_n + k_i$ |
| Else If $\forall k_j > k_i$ |
| $G_m = G_m + k_i$ |
| For $k_r \in K^i$ do |
| If $\forall k_r > k_i$ Then $G_m = G_m + k_r$ |
| End |
| End |
| $G_{comb} = G_{comb} - G_m$ |
| End |
| 输出：$G_{ps} = G_{comb}$ |

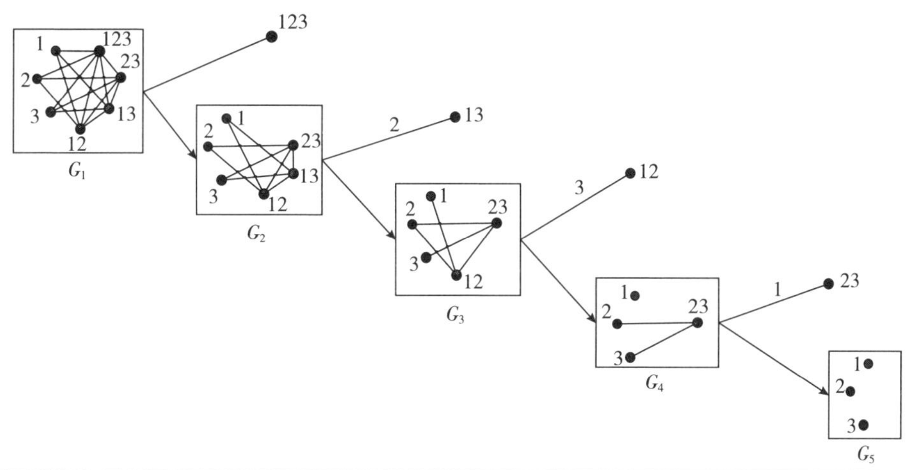


| 非支配解集 | 123 | | 123 13,2 | | 123 12,3 | | 123 12,3 | |
| --- | --- | --- | --- | --- | --- | --- | --- | --- |

| 支配解集 | 13,2 | 13,2 1,23 | 1,2,3 | |
| --- | --- | --- | --- | --- |

**图 3-6 3 个通勤者拼车的 FNDS-$G_{ps}$ 求解算例**

**表 3-3 3 个通勤者拼车的 FNDS-$G_{ps}$ 算例**

| 3 个通勤者拼车的 FNDS-$G_{ps}$ 算例 | |
|---|---|
| 步骤 1 | 定义所有拼车集合 $V$，并建立连通边 |
| 步骤 2 | 图 $G_1$ 中最大度的点（1，2，3），其度是 5。计算该点与其他不连通点的组合权重。点（$\underline{123}$）的解为 $s_i$。将解 $s_i$ 增加到非支配解集 $V_n$ 中，即 $V_n=V_n+s_i$，并将该点从图 $G_1$ 中删除，即 $G_2=G_1-s_i$ |
| 步骤 3 | 图 $G_2$ 中最大度的点为（1，3），（2，3）和（1，2），他们的度都是 4。选择点（1，3），计算这个点与其他不连通点的组合权重。得到点（$\underline{13}$，2）的解为 $s_j$。如果解 $s_i$ 被 $s_j$ 支配，$s_j>s_i$，$s_i\in V_n$，将 $s_j$ 在集合 $V_n$ 中代替 $s_i$。支配解集 $V_m=V_m+s_i$。如果 $s_i>s_j$，$s_i\in V_n$，则支配解集 $V_m=V_m+s_j$。如果解 $s_i$ 和 $s_j$ 没有支配关系，则 $V_n=V_n+s_j$ |
| 步骤 4 | 找到支配解集 $s_j$，$s_j\in V_m$。图 $G_3$ 中的点（1，2），（2，3）和（1，2，3）。分别计算每个点与其他不连通点的组合权值。解 $s_k$，$k=1$，2，3 分别为组合（$\underline{12}$，3），（$\underline{23}$，1）和（1，2，3）。如果 $\forall s_j>s_k$，则解集 $V_m=V_m+s_k$，$V=V-V_m$。图 $G_1=G_1-V_m$，$V_m=\emptyset$。转向步骤 2 |
| 步骤 5 | 如果所有分支都没有支配解，则返回非支配解集 $V_n$ |

快速非支配集 $G_{ps}$ 的求解时间复杂度讨论如下：

（1）最坏情况时间复杂度假设所有的可行解都是非支配解，那么我们有最大数量的比较对。支配集的时间复杂度为 $O(k^2)$。

（2）平均时间复杂度。假设有一半的可行解是非支配解，支配集的时间复杂度为 $O(k^2/4)$。

（3）最佳情况时间复杂度。当非支配解为 1 时，通过支配关系比较可以得到唯一的非支配解，时间复杂度为 $O(k)$。

以下对于三个通勤者拼车的情况，Pareto 非支配解的快速构造方法如图 3-6 所示。

在小规模问题中，我们将图 $G$ 表示为一个 $r$-部图。对于图 $G$，我们根据节点 $V$ 的离散度将其划分为 $r$ 类。然后得到各部分的 Pareto 最优解集 $G_{ps}$。

命题 2：$r$-部图 $G$ 的每个子图的最优解组合应包含图 $G_{ps}$ 的最优解。

证明：反证法。子图 $G_1$ 的非支配解集为 $M_1$，其中，解 $a$、$b \in M_1$。子图 $G_2$ 的非支配解集为 $M_2$，其中，$c$、$d \in M_2$。我们有 $f_1(a)>f_1(b)$，$f_2(a)<f_2(b)$，$f_1(c)>f_1(d)$，$f_2(c)<f_2(d)$。$f_1(a+c)=f_1(a)+f_1(c)$，$f_1(b+d)=f_1(b)+f_1(d)$。如果 $m+c$ 是图 $G$ 的非支配解 $m \in G_1$，$\neg \exists m \in M_1$，$f_1(m+c)=f_1(m)+f_1(c)$，$f_2(m+c)=f_2(m)+f_2(c)$。由于解 $a+c$ 和解 $b+c$ 是图 $G$ 的非支配解，如果 $f_1(m+c)>f_1(a+c)$，则 $f_2(m+c)<f_2(a+c)$，$m$ 和 $a$ 没有支配关系。如果 $f_1(m+c)>f_1(b+c)$，则 $f_2(m+c)<f_2(b+c)$，$m$ 和 $b$ 没有支配关系。存在 $m \in M_1$，这和已知条件相反，所以 $G$ 的每个子图中的最优解的组合一定包含图 $G_{ps}$ 的最优解。

命题 3：在 $r$-部图 $G$ 中寻找 Pareto 最优解是 NP-hard 的问题。

证明：在 $r$-部图 $G$ 中寻找 Pareto 最优解可以理解为给定一个有 $r$ 维元组的集合 $S \in S_1 \times S_2 \times \cdots \times S_r$，其中，$\{S_1 \times S_2 \times \cdots \times S_r\}$ 包含所有最优解集。每个分部 $S_i$ 都能找到一个支配子集 $S_i'$。需要决策的问题是：寻找一个子集 $S$ 使$\nexists S' \in S$，则 $S$ 为非支配最优解集，问题的复杂度是 $O(|S|)$。这个问题可以看作一个 $r$ 维匹配问题，当 $r \geqslant 3$ 时，普遍认为 $r$ 维匹配问题是 NP-hard 问题。因此，这表明我们的问题是 NP-hard 问题。

由于该问题是 NP-hard 问题，而启发式算法 FNDS-$G_{ps}$ 可以生成近似解。然而，它的复杂性仍然是指数级的。FNDS-$G_{ps}$ 算法可以有效地解决小规模实例。然而，随着规模的增长，它的效率会大大降低。所以在第 3.4.3 节中，我们提出了一种混合的 VNS-NSGAII 算法，用于解决大规模实例，达到求解质量和计算效率之间的最佳折中。

### 3.4.2　NSGAII 算法和 VNS 算法

基于问题的 NP-hard 性质，本书提出了一种混合的 VNS-NSGAII 算法，用于解决大规模实例。

3.4.2.1　NSGAII 算法

带精英策略的非支配排序遗传算法（NSGAII）是为了克服非支配排序遗传算法（NSGA）的复杂性高、收敛速度慢的不足而进一步改进的算法。其主要的进化是引进了快速非支配排序方法、精英策略以及拥挤距离的计算，以防止在种群的进化过程中优秀个体流失。NSGAII 算法的主要步骤如表 3-4 所示。

**表 3-4　NSGAII 算法步骤**

| NSGAII 算法步骤 | |
|---|---|
| 步骤 1 | 创造初始双亲种群，使用交叉和变异操作产生子代种群 |
| 步骤 2 | 对双亲种群和子代种群进行非支配排序，构造所有不同等级的非支配解集 |
| 步骤 3 | 对分好等级的非支配解集进行拥挤距离排序，根据适应度高低得到前 $N$ 个解，构成下一次迭代的双亲种群 |
| 步骤 4 | 重复上述 3 个步骤，直到结果收敛 |

Deb（2000）认为，NSGAII 算法与其他 MOEA 算法相比性能较好。Kannan 等（2008）描述了 NSGAII 算法能够成功保持较好的扩散解和收敛性的证据。但是，在求解空间较大的情况下，NSGAII 算法仍存在易陷入局部最优、稳定性差的缺点。

3.4.2.2　VNS 算法

变邻域搜索算法（VNS）是一种有效的元启发式算法，它利用由不同的动作构成的邻域结构进行交替搜索，在集中性和疏散性之间达到很好的平衡。VNS 算法的关键步骤是邻域搜索（VND）和扰动（Shaking），VND 实际上是在一个邻域进行局部搜索，找到局部最优值。Shaking 动作则是通过扰动算子变换邻域。VNS 在许多优化问题中都表现了良好的性能。VNS 最早由 Mladenovic 和 Hansen（1997）提出。长期以来，VNS 在混合方法中取得了良好的效果。例如，Jarboui 等（2011）开发了一种混合遗传算法和 VNS 来解决无等待流水车间调度问题。Liu 等（2018）提出了一种混合 VNS 和和谐搜索算法来解决供应链调度问题。为了增加解的多样性，很多研究将其他元启发式算法加入到 VNS 框架中进行优化，带来了很好的效果。

### 3.4.3　混合的 VNS-NSGAII 算法

在本章中，为了改善 NSGAII 算法的稳定性，设计一种混合 VNS-NSGAII 算法。关键步骤如下：

（1）编码设计。染色体设计是算法设计的重要组成部分。在本书中，拼车方案包括通勤者的服务顺序和每辆车的通勤者数量。我们构建了一个二维染色体编码形式，具体如图 3-7 所示。染色体编码由 $m$ 个部分组成，每个部分表示一天中所使用的拼车方案。

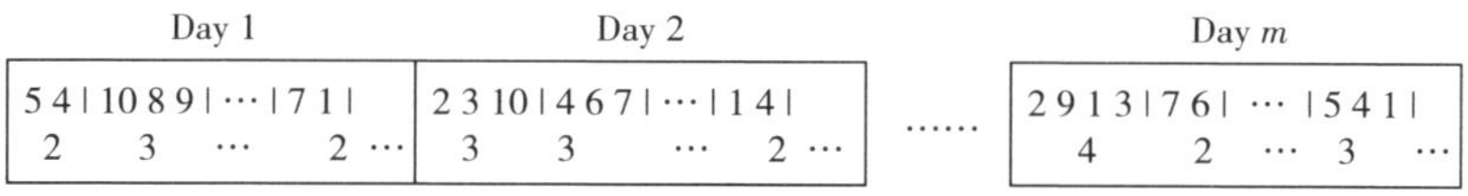

| Day 1 | Day 2 | | Day $m$ |
|---|---|---|---|
| 5 4 \| 10 8 9 \| … \| 7 1 \|<br>2　3　…　2 … | 2 3 10 \| 4 6 7 \| … \| 1 4 \|<br>3　3　…　2 … | …… | 2 9 1 3 \| 7 6 \| … \| 5 4 1 \|<br>4　2　…　3　… |

图 3-7　染色体编码设计

根据编码设计，计算适应度的伪代码，如表 3-5 所示。

表 3-5　计算适应度的伪代码

| 计算适应度的伪代码 | |
|---|---|
| 1 | 设置通勤者需求集合 $C=\{X_{ij}\}$，初始化染色体集合 $Pop_p^a=Pop_p^a\cap C$，根据 $Pop_p^a$ 选择每天的拼车通勤者 |
| 2 | For $j=1$ to $M$ do |

续表

| 计算适应度的伪代码 |
| --- |
| 将通勤者集合 $N$ 分类，并根据 FNDS-$G_{ps}$ 生成初始解 $Pop_p^b$。得到乘客拼车集合 $N_L$，$N_L=\{n_1, \cdots, n_l, \cdots, n_L\}$，其中，$n_l$ 表示第 $l$ 辆车上的乘客。$n_l=\{x_{l1}, \cdots, x_{li}, \cdots, x_{lq}\}$，其中，$x_{li}$ 表示通勤者 $x$ 在车辆 $l$ 上的服务顺序 $i$ |
| For $l=1$ to $L$ do |
| 根据染色体算子 $Pop_0^a$，在通勤者集合 $n_l$ 中调整通勤者的服务顺序 $x_{li}$ |
| 计算每辆车的服务成本 $cost_l$ |
| 计算通勤者 $x_i$ 在服务集合 $n_l$ 中的通勤时间 $t_{il}$ |
| 计算通勤者 $x_i$ 在服务集合 $n_l$ 中的通勤费用 $p_{il}$ |
| $Cost=Cost+Cost_l$ |
| End |
| End |
| $C'=1-C$ |
| For $i=1$ to $N$ do |
| 计算每个通勤者 $x_i$ 的拼车前景值 $V^C(x_i)$ |
| 计算每个通勤者 $x_i$ 的不拼车前景值 $V^{C'}(x_i)$ |
| 计算每个通勤者 $x_i$ 选择拼车的前景值 $V(x_i)=V^C(x_i)-V^{C'}(x_i)$ |
| End |

（2）初始解设置。命题 3 表明，FNDS-$G_{ps}$ 算法可以用来解决小规模的拼车优化问题。为了有效地解决大规模的问题，我们首先将所有的通勤者进行离散度划分，其次将通过 FNDS-$G_{ps}$ 算法生成的各部分的 Pareto 最优解集作为所设计的 VNS-NSGAII 算法的初始解，最后通过迭代进行解的优化。

（3）交叉和变异。交叉和变异是为了在初始解的基础上得到更好的解集。根据算子的特点，本章设计了实数矩阵编码对算子进行交叉和变异。

将染色体按天变换为一个矩阵，其中，矩阵的交叉操作部分是在矩阵中进行选择。矩阵 $A_{ij}$ 表示通勤者 $i$ 在第 $j$ 天的服务顺序。新的染色体矩阵需要先交换双亲染色体的部分行矩阵，然后执行冲突检测，并调整顺序以呈现一个可行的解决方案。图 3-8（a）描述了此交叉操作。

在染色体的变异运算中，本章以部分矩阵为变异单位，采用逆序变异和交换变异的方法。图 3-8（b）说明了变异的具体操作。

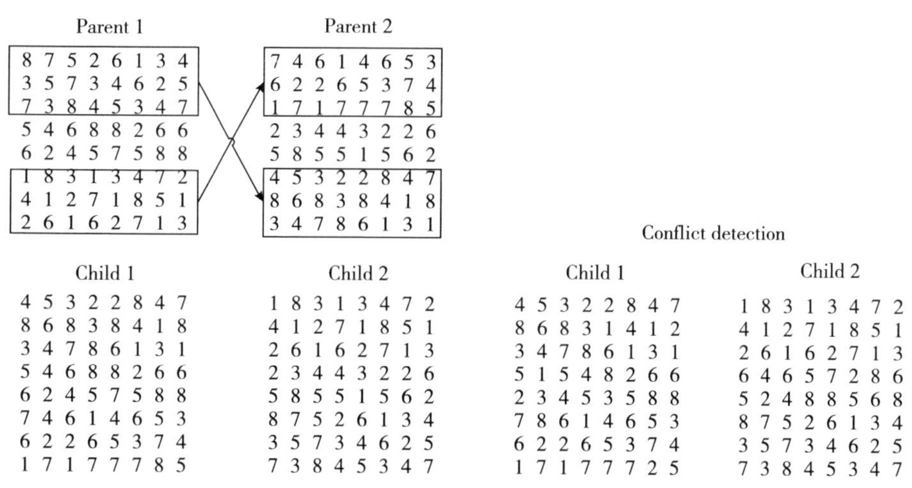


（a）交叉操作

Chromosome 1

4 5 3 2 2 8 4 7
8 6 8 3 1 4 1 2
3 4 7 8 6 1 3 1
5 1 5 4 8 2 6 6
2 3 4 5 3 5 8 8
7 8 6 1 4 6 5 3
6 2 2 6 5 3 7 4
1 7 1 7 7 7 2 5

4 5 3 2 2 8 4 7
5 1 5 4 8 2 6 6
3 4 7 8 6 1 3 1
8 6 8 3 1 4 1 2
2 3 4 5 7 5 8 8
7 8 6 1 4 6 5 3
6 2 2 6 5 3 7 4
1 7 1 7 7 7 2 5

Chromosome 2

4 5 3 2 2 8 4 7
5 1 5 4 8 2 6 6
7 8 6 1 4 6 5 3
8 6 8 3 1 4 1 2
2 3 4 5 3 5 8 8
3 4 7 8 6 1 3 1
6 2 2 6 5 3 7 4
1 7 1 7 7 7 2 5

（b）变异操作

**图 3-8　交叉和变异操作**

（4）VNS-NSGAII 算法的总体框架。将 VNS 和 NSGAII 进行混合，主要框架如图 3-9 所示。主要原理是利用 VNS 算子探索邻域结构，利用 NSGAII 挖掘种群。将每次迭代后的子代种群进行 VND 邻域搜索，并将种群每次进化产生的新解作为 Shaking 扰动来跳转邻域。为了提高算法效率，在每个解决方案中运用 VNS 算法进行设定次数的迭代。基于 VNS 的局部搜索操作详细说明如表 3-6 所示。

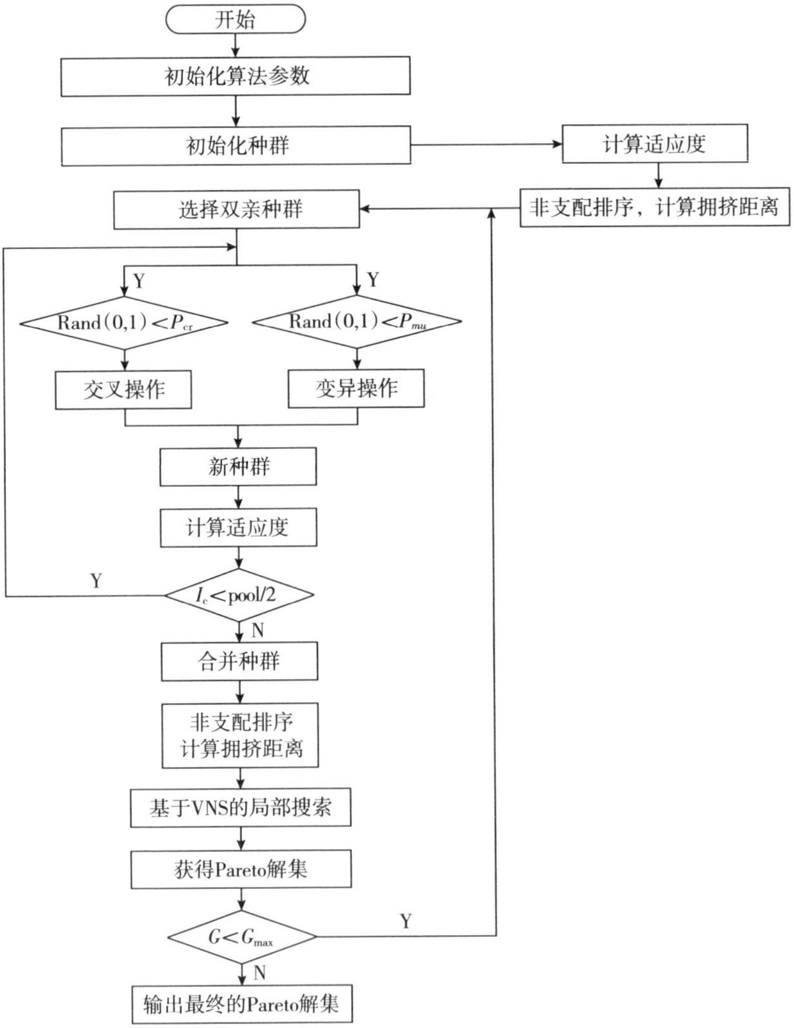

**图 3-9　VNS-NSGAII 算法流程**

表 3-6　基于 VNS 的局部搜索操作

| 基于 VNS 的局部搜索操作 | |
|---|---|
| 步骤 1 | 定义邻域结构 $U_e$（$e=1$，…，$e_{max}$） |
| 步骤 2 | 由 NSGAII 算法产生新的种群 $S$ |
| 步骤 3 | 对每个个体 $s\in S$ 执行局部搜索 $U_e$，获得个体 $s'$ |
| 步骤 4 | 如果解 $s'$优于解 $s$，则令 $s=s'$，$e=1$，并返回步骤 3；否则，令 $e=e+1$，并转步骤 5 |
| 步骤 5 | 如果 $e\leq e_{max}$，则返回步骤 3；否则，终止迭代 |

## 3.5　数值实验

### 3.5.1　数据

我们使用了北京通勤者出行的实际数据集，以全面了解我们所提出的算法的性能和优势。数据集为 2016 年北京出租车的数据，包含了通勤者的出行起点和到达目的地的时间、地点、出行费用、出行时长等信息（http：//research. microsoft. com/en－us/projects/urbancomputing/）。所有数据均进行了预处理，经过数据清洗、数据格式化后，用于实验输入。

### 3.5.2　参数设置

在实验中，本章创建了不同规模的场景来考察算法的求解质量和计算效率。通勤者的数量设为 $N=20$，25，30，35，40，45，50，80，100，150。根据乘客出行方式选择的相关研究，累积前景模型的参数值设置为：$\alpha=0.68$，$\beta=0.72$，$\lambda=1.94$，$\gamma=0.82$，$\delta=0.78$。根据现实中的情况，设置车辆每公里

燃油成本为 $f=0.4$（RMB/L），车辆 $l$ 的固定成本为 $B_l=13$（RMB），车辆的最大容量设置为 $MQ=4$ 人。此外，在算法结果的比较试验中，设置通勤者的出行感知记忆长度为 $m=7$（DAY），车辆 $l$ 的平均速度为 $CV_l=60$（km/h），乘客每公里支付的费用设为 $fp=1.5$（RMB/km），拼车乘客支付比例随着拼车人数发生变化，调节系数 $rp=0.1$。

### 3.5.3 算法比较

在本节中，我们通过实验来评估我们提出的 FNDS-$G_{ps}$ 算法和 VNS-NSGAII 算法的性能，实验中使用了四种经典算法，即 NSGAII 算法、MOCELL（Multi-Objection Cellular Algorithm）算法、SPEA2 算法和 MOPSO（Multi-Objection Particle Swarm Optimization Algorithm）算法。实际上，NSGAII 算法、MOCELL 算法、SPEA2 算法和 MOPSO 算法已经以优异的性能应用于许多其他的复杂多目标问题中。因此，它们往往被认为是非常具有代表性的方法，我们将比较它们和本书提出的算法的实验结果。

在多目标优化中，有四个不同的性能指标：超体积（Hypervolume，HV），代际距离（Generational Distance，GD），倒置代际距离（Inverted Generational Distance，IGD）和伸展性（Spread，S）用于比较不同的算法的结果。在这四个指标中，HV 度量值更高更好，其他度量值更小更好。其中，HV 和 IGD 保证了算法生成的非支配解的收敛性和多样性，S 保证了非支配解的多样性，而 GD 保证了算法的收敛性。在实验中，对于每个实例，所有算法都运行了 30 次。平均值（mean）和标准偏差（sd）用于衡量每个度量标准的结果。需要指出的是，对于所选的每个算法，编码和解码过程是相同的，即所有算法具有相同的搜索空间。

我们分别比较了小规模问题和大规模问题的解。对于通勤者数量为

20~45 人的小规模实例，由 FNDS-$G_{ps}$ 算法、VNS-NSGAII 算法、NSGAII 算法、MOCELL 算法、SPEA2 算法和 MOPSO 算法生成的度量值如表 3-7 所示。为了增加表格的可读性，将每个实例中最优的度量值用灰色阴影进行标识。在表 3-7 中，可以清楚地看到，对于指标 HV 和 IGD 来说，FNDS-$G_{ps}$ 算法是最具竞争力的算法，因为它在 9 个实例中具有最优值；VNS-NSGAII 算法是次优的算法，它在 3 个实例中有最优值。对于指标 CD 来说，FNDS-$G_{ps}$ 算法和 VNS-NSGAII 算法具有类似的性能，在 2 个实例中有最优值。其他算法表现出的性能都比 FNDS-$G_{ps}$ 算法和 VNS-NSGAII 算法差得多。然而，对于指标 S 来说，MOCELL 算法是最具竞争力的算法，它在 3 个实例中具有最优值。

对于通勤者数量为 50~150 人的大规模实例，VNS-NSGAII 算法、NSGAII 算法、MOCELL 算法、SPEA2 算法和 MOPSO 算法生成的度量值如表 3-8 所示。很明显，对于指标 HV、GD 和 IGD 来说，VNS-NSGAII 算法是最具竞争力的算法，因为它在 9 个实例中拥有最优值。对于指标 S 来说，可以看出 VNS-NSGAII 算法、NSGAII 算法、SPEA2 算法和 MOPSO 算法在 1 个实例中性能相近，并且值最优。

为了分析不同算法在不同实例中的性能，我们观察到，对于小规模实例，在 4 个性能指标中，FNDS-$G_{ps}$ 算法的性能最适合这个问题。对于大规模实例，可以发现，在大多数实例中，VNS-NSGAII 算法的性能要比其他四种算法好得多。此外，除了 FNDS-$G_{ps}$ 算法，VNS-NSGAII 算法在小规模实例中性能最好。

我们比较了大型实例中不同算法最优的 Pareto 前沿，具体如图 3-10 所示。图 3-10（a）显示了 $N=50$ 时模型的解，由图可见，VNS-NSGAII 算法的解的质量优于其他算法。图 3-10（b）显示了 $N=80$ 时模型的解，VNS-NSGAII 算法和 NSGAII 算法优于其他算法。图 3-10（c）是 $N=100$ 时模型的解。

表 3-7　小规模实例中算法的性能比较

| 指标 | $N$ | FNDS-$G_{ps}$ | | VNS-NSGAII | | NSGAII | | SPEA2 | | MOPSO | | MOCELL | |
|---|---|---|---|---|---|---|---|---|---|---|---|---|---|
| | | mean | sd | mean | sd | mean | sd | mean | sd | mean | sd | Mean | sd |
| HV | 20 | 8. 58E+03 | 2. 9E+02 | 5. 20E+03 | 4. 4E+02 | 2. 41E+03 | 6. 8E+02 | 8. 33E+03 | 5. 0E+02 | 3. 19E+03 | 6. 2E+02 | 1. 14E+03 | 4. 7E+02 |
| | 25 | 9. 05E+03 | 5. 1E+02 | 8. 26E+03 | 5. 3E+02 | 2. 86E+03 | 6. 3E+02 | 4. 99E+03 | 7. 7E+02 | 6. 43E+03 | 7. 9E+02 | 1. 17E+03 | 8. 3E+02 |
| | 30 | 1. 13E+04 | 4. 3E+02 | 9. 27E+03 | 5. 5E+02 | 3. 48E+03 | 8. 8E+02 | 2. 80E+03 | 5. 6E+02 | 1. 11E+03 | 6. 4E+02 | 2. 32E+03 | 6. 8E+02 |
| | 35 | 1. 43E+04 | 5. 7E+02 | 1. 28E+04 | 8. 3E+02 | 3. 68E+03 | 5. 9E+02 | 1. 18E+04 | 6. 2E+02 | 5. 40E+03 | 7. 3E+02 | 2. 99E+03 | 7. 6E+02 |
| | 40 | 1. 57E+04 | 3. 8E+02 | 1. 48E+04 | 4. 2E+02 | 4. 09E+03 | 5. 5E+02 | 5. 91E+03 | 5. 1E+02 | 1. 07E+03 | 4. 6E+02 | 1. 51E+03 | 4. 2E+02 |
| | 45 | 2. 03E+04 | 5. 5E+02 | 2. 26E+04 | 5. 2E+02 | 8. 40E+03 | 6. 3E+02 | 4. 17E+03 | 5. 8E+02 | 4. 66E+03 | 7. 1E+02 | 2. 35E+03 | 6. 5E+02 |
| GD | 20 | 1. 68E-01 | 3. 6E-02 | 1. 53E-01 | 2. 0E-02 | 2. 58E-01 | 4. 8E-02 | 8. 77E-01 | 7. 4E-02 | 2. 27E-01 | 5. 5E-02 | 5. 34E-01 | 6. 2E-02 |
| | 25 | 1. 25E-01 | 3. 8E-02 | 5. 36E-01 | 4. 6E-02 | 2. 37E-01 | 4. 6E-02 | 6. 13E-01 | 5. 7E-02 | 3. 34E-01 | 5. 1E-02 | 1. 40E-01 | 4. 4E-02 |
| | 30 | 8. 88E-02 | 3. 2E-02 | 2. 00E-01 | 2. 3E-02 | 4. 07E-01 | 6. 5E-02 | 3. 92E-01 | 6. 3E-02 | 7. 53E-02 | 2. 4E-02 | 1. 74E-01 | 7. 1E-02 |
| | 35 | 2. 30E-01 | 6. 5E-02 | 9. 81E-02 | 3. 0E-02 | 4. 72E-01 | 6. 2E-02 | 5. 18E-01 | 3. 8E-02 | 1. 87E-01 | 6. 5E-02 | 1. 62E-01 | 4. 6E-02 |
| | 40 | 9. 55E-02 | 4. 5E-02 | 4. 59E-01 | 7. 2E-02 | 1. 55E-01 | 5. 5E-02 | 3. 42E-01 | 4. 9E-02 | 9. 92E-02 | 5. 1E-02 | 2. 62E-01 | 8. 2E-02 |
| | 45 | 4. 34E-01 | 7. 5E-02 | 1. 16E-01 | 4. 9E-02 | 8. 82E-02 | 3. 6E-02 | 1. 75E-01 | 5. 0E-02 | 3. 78E-01 | 6. 3E-02 | 1. 27E-01 | 5. 2E-02 |
| IGD | 20 | 6. 92E-01 | 2. 6E-02 | 7. 07E-01 | 3. 8E-02 | 7. 92E-01 | 7. 2E-02 | 2. 23E+00 | 8. 8E-02 | 9. 19E-01 | 7. 7E-02 | 1. 13E+00 | 9. 2E-02 |
| | 25 | 5. 87E-01 | 4. 1E-02 | 6. 33E-01 | 4. 9E-02 | 7. 63E-01 | 5. 8E-02 | 1. 23E+00 | 7. 5E-02 | 8. 22E-01 | 6. 2E-02 | 1. 08E+00 | 8. 9E-02 |
| | 30 | 1. 45E-01 | 2. 4E-02 | 1. 05E+00 | 9. 2E-02 | 8. 22E-01 | 4. 7E-02 | 3. 23E-01 | 3. 5E-02 | 8. 05E-01 | 5. 3E-02 | 7. 83E-01 | 4. 4E-02 |
| | 35 | 7. 78E-01 | 5. 7E-02 | 6. 43E-01 | 4. 1E-02 | 8. 49E-01 | 7. 7E-02 | 8. 83E-01 | 6. 2E-02 | 9. 46E-01 | 4. 3E-02 | 8. 59E-01 | 5. 9E-02 |
| | 40 | 3. 28E-01 | 3. 8E-02 | 4. 38E-01 | 5. 3E-02 | 5. 12E-01 | 5. 0E-02 | 9. 66E-01 | 6. 5E-02 | 1. 17E+00 | 7. 9E-02 | 1. 12E+00 | 8. 6E-02 |
| | 45 | 5. 57E-01 | 5. 0E-02 | 5. 22E-01 | 4. 5E-02 | 9. 32E-01 | 5. 8E-02 | 6. 74E-01 | 4. 7E-02 | 7. 97E-01 | 5. 4E-02 | 9. 53E-01 | 5. 4E-02 |

续表

| 指标 | $N$ | FNDS-$G_{ps}$ | | VNS-NSGAII | | NSGAII | | SPEA2 | | MOPSO | | MOCELL | |
|---|---|---|---|---|---|---|---|---|---|---|---|---|---|
| | | mean | sd | mean | sd | mean | sd | mean | sd | mean | sd | Mean | sd |
| S | 20 | 1. 75E-01 | 4. 6E-02 | 3. 53E-01 | 6. 1E-02 | 1. 68E-01 | 4. 4E-02 | 3. 90E-01 | 6. 6E-02 | 2. 26E-01 | 5. 0E-02 | 1. 64E-01 | 3. 2E-02 |
| | 25 | 1. 40E-01 | 3. 5E-02 | 3. 06E-01 | 7. 2E-02 | 2. 12E-01 | 3. 8E-02 | 2. 48E-01 | 3. 5E-02 | 2. 71E-01 | 6. 9E-02 | 1. 22E-01 | 2. 8E-02 |
| | 30 | 8. 54E-02 | 1. 8E-02 | 8. 89E-02 | 6. 8E-02 | 2. 86E-01 | 6. 9E-02 | 1. 77E-01 | 5. 5E-02 | 1. 64E-01 | 4. 4E-02 | 1. 55E-01 | 5. 6E-02 |
| | 35 | 2. 95E-01 | 4. 3E-02 | 1. 43E-01 | 3. 7E-02 | 1. 35E-01 | 2. 1E-02 | 2. 87E-01 | 2. 8E-02 | 2. 05E-01 | 3. 2E-02 | 1. 45E-01 | 4. 8E-02 |
| | 40 | 1. 14E-01 | 3. 8E-02 | 3. 21E-01 | 5. 3E-02 | 1. 28E-01 | 4. 3E-02 | 2. 41E-01 | 4. 4E-02 | 1. 08E-01 | 3. 3E-02 | 1. 77E-01 | 6. 7E-02 |
| | 45 | 1. 46E-01 | 4. 8E-02 | 2. 28E-01 | 6. 3E-02 | 2. 40E-01 | 5. 0E-02 | 1. 26E-01 | 6. 6E-02 | 1. 18E-01 | 4. 5E-02 | 1. 15E-01 | 4. 8E-02 |

**表 3-8 大规模实例中算法的性能比较**

| 指标 | $N$ | VNS-NSGAII | | NSGAII | | SPEA2 | | MOPSO | | MOCELL | |
|---|---|---|---|---|---|---|---|---|---|---|---|
| | | mean | sd | mean | sd | mean | sd | mean | sd | mean | sd |
| HV | 50 | 1. 25E+04 | 2. 3E+02 | 5. 04E+03 | 3. 3E+02 | 1. 20E+04 | 5. 4E+02 | 9. 85E+03 | 3. 8E+02 | 4. 33E+03 | 3. 5E+02 |
| | 80 | 1. 85E+04 | 3. 1E+02 | 6. 19E+03 | 3. 8E+02 | 6. 47E+03 | 3. 5E+02 | 5. 47E+03 | 3. 3E+02 | 9. 08E+03 | 4. 3E+02 |
| | 100 | 1. 73E+04 | 3. 5E+02 | 7. 87E+03 | 4. 2E+02 | 5. 32E+03 | 2. 8E+02 | 1. 50E+04 | 5. 1E+02 | 6. 49E+03 | 3. 7E+02 |
| | 150 | 4. 94E+04 | 4. 3E+02 | 2. 98E+04 | 5. 3E+02 | 3. 37E+04 | 5. 7E+02 | 2. 65E+04 | 5. 7E+02 | 1. 80E+04 | 5. 2E+02 |
| GD | 50 | 1. 55E-01 | 4. 6E-02 | 1. 77E-01 | 7. 5E-02 | 2. 47E-01 | 6. 3E-02 | 2. 64E-01 | 5. 5E-02 | 7. 67E-02 | 5. 3E-02 |
| | 80 | 1. 40E-02 | 6. 5E-02 | 9. 50E-02 | 8. 8E-02 | 2. 59E-01 | 7. 9E-02 | 7. 79E-02 | 7. 5E-02 | 8. 25E-02 | 7. 2E-02 |
| | 100 | 7. 95E-02 | 6. 5E-02 | 9. 47E-02 | 6. 8E-02 | 1. 69E-01 | 8. 3E-02 | 1. 61E-01 | 7. 2E-02 | 1. 04E-01 | 7. 5E-02 |
| | 150 | 1. 68E-01 | 5. 1E-02 | 2. 09E-01 | 5. 3E-02 | 1. 78E-01 | 6. 2E-02 | 1. 80E-01 | 4. 9E-02 | 1. 08E-01 | 4. 5E-02 |

续表

| 指标 | $N$ | VNS-NSGAII | | NSGAII | | SPEA2 | | MOPSO | | MOCELL | |
|---|---|---|---|---|---|---|---|---|---|---|---|
| | | mean | sd | mean | sd | mean | sd | mean | sd | mean | sd |
| IGD | 50 | 5. 53E-01 | 3. 5E-02 | 6. 76E-01 | 5. 1E-02 | 8. 83E-01 | 6. 3E-02 | 7. 65E-01 | 6. 2E-02 | 5. 83E-01 | 3. 5E-02 |
| | 80 | 1. 85E-01 | 3. 7E-02 | 2. 49E-01 | 4. 5E-02 | 5. 34E-01 | 5. 2E-02 | 2. 66E-01 | 4. 8E-02 | 2. 14E-01 | 5. 5E-02 |
| | 100 | 2. 18E-01 | 2. 8E-02 | 1. 97E-01 | 2. 6E-02 | 4. 15E-01 | 3. 7E-02 | 4. 93E-01 | 3. 1E-02 | 3. 00E-01 | 4. 3E-02 |
| | 150 | 2. 86E-01 | 4. 1E-02 | 4. 84E-01 | 7. 7E-02 | 4. 54E-01 | 4. 8E-02 | 3. 63E-01 | 5. 2E-02 | 2. 79E-01 | 6. 3E-02 |
| S | 50 | 1. 26E-01 | 5. 4E-02 | 1. 77E-01 | 3. 6E-02 | 1. 66E-01 | 3. 9E-02 | 1. 99E-01 | 4. 5E-02 | 1. 05E-01 | 6. 9E-02 |
| | 80 | 7. 31E-02 | 2. 2E-02 | 8. 88E-02 | 3. 5E-02 | 1. 95E-01 | 4. 1E-02 | 7. 87E-02 | 5. 5E-02 | 8. 39E-02 | 2. 9E-02 |
| | 100 | 7. 75E-02 | 6. 7E-02 | 1. 31E-01 | 5. 3E-02 | 1. 04E-01 | 9. 1E-02 | 7. 24E-02 | 3. 3E-02 | 8. 52E-02 | 4. 1E-02 |
| | 150 | 1. 26E-01 | 3. 6E-02 | 1. 27E-01 | 5. 8E-02 | 9. 80E-02 | 3. 3E-02 | 1. 36E-01 | 4. 7E-02 | 7. 70E-02 | 8. 8E-02 |

VNS-NSGAII 算法和 NSGAII 算法的解优于其他算法的解。在成本较低的情况下，NSGAII 算法优于 VNS-NSGAII 算法。但是，在成本较高的情况下，VNS-NSGAII 算法要优于 NSGAII 算法。图 3-10（d）给出了 $N=150$ 时模型的解，VNS-NSGAII 算法的性能优于其他算法。此外，对于 VNS-NSGAII 算法，车辆成本的小幅增加将导致通勤人数的显著增加。

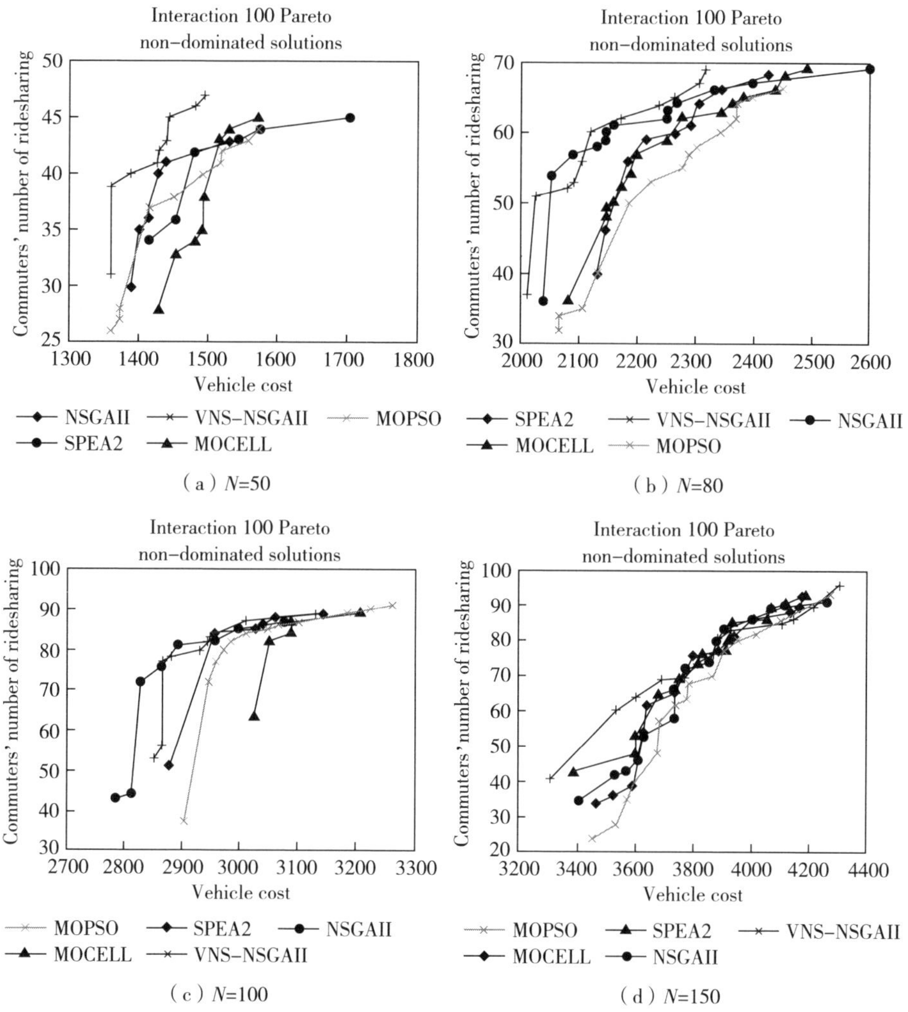

（a）$N$=50

（b）$N$=80

（c）$N$=100

（d）$N$=150

**图 3-10 5 个算法的 Pareto 前沿**

### 3.5.4 参数分析

本节分别对乘客拼车费用参数、拼车时间参数和出行感知记忆长度参数的灵敏度进行分析。

#### 3.5.4.1 拼车费用折扣系数

在有限理性的通勤选择行为中，通勤者对于通勤方式的体验取决于与预期体验的差距。当本次体验比预期好，满意度会增加；当本次体验差于预期，满意度会下降。本小节针对拼车的费用和行程时间与不拼车的费用和行程时间的对比，在单独乘车的时间和费用不变的情况下进行通勤者出行选择影响因素敏感度分析。拼车费用由式（3-24）得出，分别计算拼车费用折扣系数 $rp$=0.05，0.1，0.15，0.2 下的拼车人数和服务成本，计算结果如表 3-9 所示。由表中结果可看出，在拼车费用折扣系数增大的情况下，拼车人数和服务成本都会增加。

表 3-9 不同拼车费用折扣系数下的拼车人数和服务成本

| $rp$ | 目标 | 算例规模 | | | | | | | | | |
|---|---|---|---|---|---|---|---|---|---|---|---|
| | | 20 | 25 | 30 | 35 | 40 | 45 | 50 | 80 | 100 | 150 |
| 0.05 | 人数 | 11 | 13 | 12 | 15 | 15 | 16 | 19 | 25 | 32 | 23 |
| | 成本 | 511.45 | 539.22 | 680.67 | 820.64 | 783.93 | 961.22 | 1114.60 | 1664.20 | 2141.40 | 2766.90 |
| 0.1 | 人数 | 13 | 16 | 18 | 25 | 23 | 29 | 37 | 63 | 81 | 64 |
| | 成本 | 547.99 | 661.75 | 736.18 | 927.22 | 1080.30 | 1177.50 | 1430.30 | 2308.50 | 3011.50 | 3657.20 |
| 0.15 | 人数 | 15 | 18 | 19 | 26 | 30 | 38 | 41 | 69 | 86 | 87 |
| | 成本 | 578.30 | 669.84 | 877.00 | 1006.40 | 1112.50 | 1339.70 | 1424.20 | 2481.80 | 3075.20 | 4143.40 |
| 0.2 | 人数 | 16 | 23 | 25 | 33 | 34 | 41 | 45 | 75 | 93 | 120 |
| | 成本 | 628.80 | 746.25 | 786.47 | 1028.00 | 1141.80 | 1314.00 | 1588.70 | 2548.80 | 3238.40 | 4502.10 |

图 3-11 与图 3-12 分别为不同拼车费用下乘车人数和服务成本变化示意图。由图 3-11 可以看出随着拼车费用的降低，拼车人数会增加；随着算例规

模的增加，乘客人数增加显著。当拼车费用的折扣系数较小时，$rp = 0.05$。当拼车的人数并没有随着算例规模的增大而明显增加时，拼车费用的折扣系数增加，随着算例规模的增大，人数的增加也更加明显。

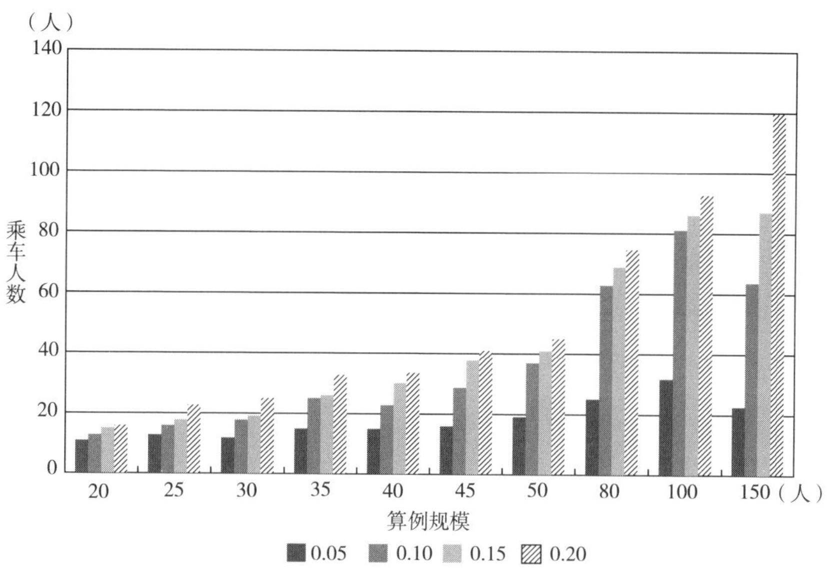


图 3-11　不同拼车费用对乘车人数的影响

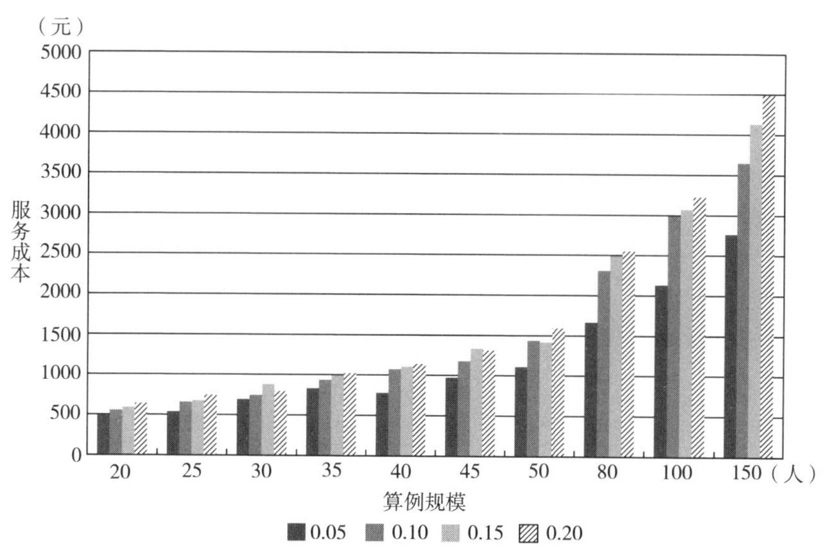


图 3-12　不同拼车费用对服务成本的影响

由图 3-12 可以看出，在不同规模下，随着拼车费用折扣力度的增加，拼车成本变化不同。在小规模算例中，拼车费用系数为 0.05~0.15 时，拼车成本略有增加；拼车费用系数为 0.15~0.20 时，拼车成本增加不明显。这是因为在小规模的算例中，参与人数有限，费用的降低带来人数的少量增加，而对增加服务车辆数量的需求不明显。在大规模算例中，拼车费用的降低带来明显的服务成本的增加，这是由于在大规模算例中，降低费用带来的人数增加明显，从而需要增加较多的服务车辆，提高了服务成本。

3.5.4.2 拼车时间系数

通勤者通过比较拼车的出行时间和不拼车的出行时间选择对于个人来说性价比较高的出行方式。不同出行时间系数（$tp$ = 拼车的行程时间/不拼车的行程时间）会影响乘客的选择和车辆的成本。表 3-10 描述了不同拼车时间系数 $tp$ 下的平均人数和平均成本，由表可以看出，随着拼车时间系数的增加，拼车行程时间缩短，拼车人数和拼车服务成本都随之发生变化。

**表 3-10 不同拼车时间系数下的拼车人数和服务成本**

| $tp$ | 目标 | 算例规模 | | | | | | | | | |
|---|---|---|---|---|---|---|---|---|---|---|---|
| | | 20 | 25 | 30 | 35 | 40 | 45 | 50 | 80 | 100 | 150 |
| 1.67 | 人数 | 14 | 17 | 22 | 25 | 30 | 35 | 37 | 54 | 80 | 74 |
| | 成本 | 514.31 | 661.16 | 821.39 | 999.61 | 1128.80 | 1245.40 | 1495.50 | 2432.20 | 3005.60 | 3762.30 |
| 1.42 | 人数 | 15 | 18 | 24 | 29 | 31 | 35 | 40 | 58 | 80 | 73 |
| | 成本 | 536.26 | 657.91 | 877.21 | 1029.70 | 1144.30 | 1295.00 | 1527.90 | 2400.70 | 3017.20 | 3782.20 |
| 1.25 | 人数 | 16 | 19 | 25 | 30 | 32 | 36 | 39 | 67 | 81 | 75 |
| | 成本 | 590.02 | 678.18 | 896.86 | 1086.40 | 1164.50 | 1323.00 | 1530.60 | 2436.80 | 3092.50 | 3853.20 |
| 1.11 | 人数 | 17 | 18 | 25 | 28 | 30 | 33 | 36 | 59 | 77 | 64 |
| | 成本 | 632.40 | 696.92 | 884.92 | 1004.90 | 1123.40 | 1269.90 | 1435.00 | 2418.30 | 2938.50 | 3781.20 |

图 3-13 与图 3-14 分别为不同拼车出行时间系数下乘车人数和服务成本变化示意图。由图 3-13 可以看出，拼车时间系数为 1.67~1.25 时，随着拼车

时间的缩短，拼车人数会有所增加，在拼车出行时间系数到达1.25时，选择人数最多。但当拼车时间系数为1.11时，也就是拼车的出行时间略微比不拼车的出行时间短时，拼车人数反而会下降。这是因为人们选择拼车的模式有一定的预留时间，当在预留时间范围内缩短时间时，乘客体验感会增加；而当拼车出行的时间缩短到和不拼车出行时间相近时，绕路距离最小，折扣费用降到最低，体验感和不拼车没有较大差距，则导致选择拼车的人数减少。

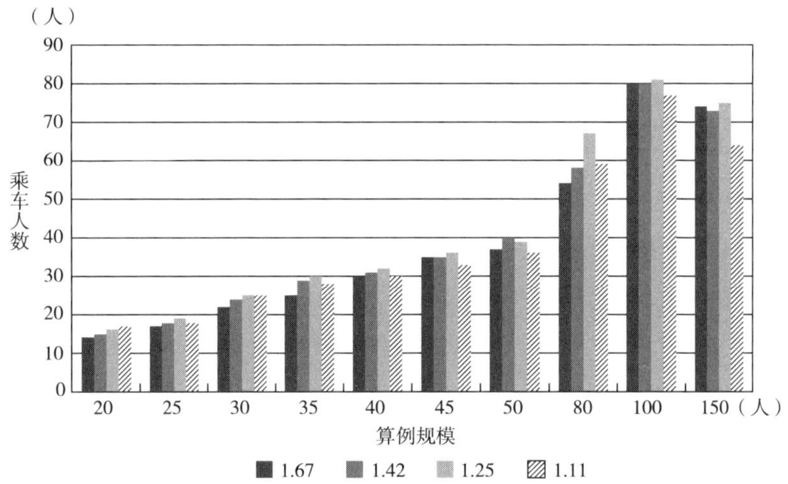


图3-13　不同拼车时间系数对乘车人数的影响

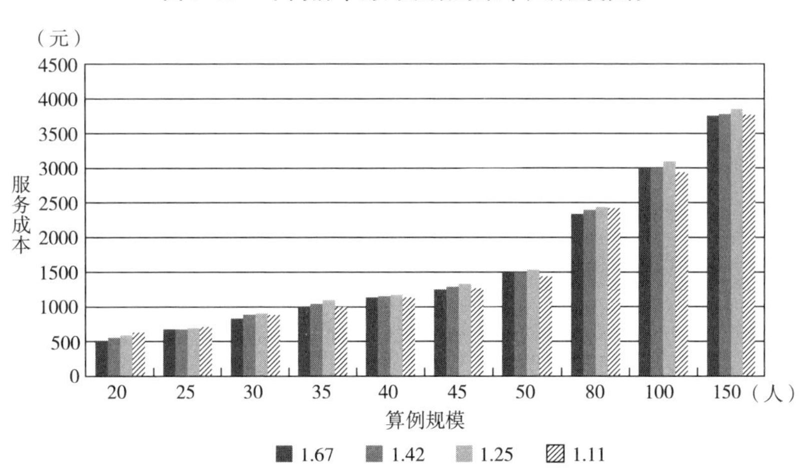


图3-14　不同拼车时间系数对服务成本的影响

由图 3-14 可以看出，拼车出行时间系数为 1.67~1.25 时，随着拼车时间的缩短，服务成本有所上升，这是因为同一车辆的人数减少，所需车辆的数量增加，从而增加了服务成本。而当拼车出行时间系数为 1.11 时，服务成本较少，这是因为拼车出行的时间短，绕路距离少，从而使费用减少不明显，导致选择拼车的人数减少。从整体来看，拼车费用的减少会带来拼车人数的增加，服务成本也会相应增加。而拼车时间并不是越短越好，拼车出行时间系数为 1.25 时，拼车人数最多，当达到 1.11 时，拼车人数会减少。对于拼车出行时间的把控在于更优质的拼车匹配和路线规划。拼车乘客的费用越高，车企利润受负面影响越大，适当地加大折扣力度是提高乘客积极性、提升利润的一种有力途径。

**表 3-11　一组 Pareto 解集中 7 天的车辆数、拼车人数和服务成本**

| | 7 天的车辆数量（辆） | 拼车人数（人） | 服务成本（元） |
|---|---|---|---|
| 解决方案 1 | 4-7-5-5-6-8-5 | 23 | 1851.4 |
| 解决方案 2 | 4-7-5-5-7-8-7 | 28 | 2292.7 |
| 解决方案 3 | 5-6-9-10-7-6-7 | 28 | 2648.4 |
| 解决方案 4 | 4-6-8-6-10-9-8 | 27 | 2479.7 |
| 解决方案 5 | 4-5-5-6-8-8-6 | 22 | 2286.9 |

#### 3.5.4.3　拼车记忆天数

根据 CPT 理论，通勤者的决策基于其心里的感知价值，感知价值是相对于心理预期，并在一定的时间内逐渐变化的。通勤者在评价其感知价值的基础上，对出行方式做出选择。表 3-11 给出规模 $N=40$、时间 $m=7$ 的 Pareto 解集中的车辆数、拼车人数和服务成本。图 3-15 显示感知价值随着时间的变化情况。由表 3-11 和图 3-15 可以看出，拼车通勤者的感知价值随着天数的增

加而增加，同时，成本也会逐渐增加。这是因为在长期的优化方案中，为了提升服务的体验，所需的车辆数量增加，通勤者的感知价值会逐渐升高。

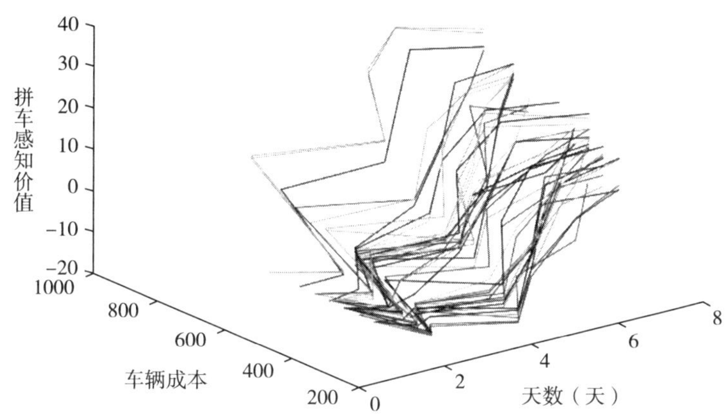


**图 3-15　人们在记忆时间内的拼车感知价值变化**

## 3.6　本章小结

本章研究了考虑有限理性通勤者出行方式选择的小汽车拼车匹配和路径优化问题，旨在提高小汽车拼车客户的忠诚度，助力于拼车行业的长远发展。本章建立了降低成本、提高服务价值感知的多目标优化模型，该模型基于 CPT 理论模拟了拼车通勤者的决策行为。为了有效求解优化问题，针对小规模场景，提出了一个启发式 FNDS-$G_{ps}$ 算法。本章还设计了一个混合 VNS-NS-GAII 算法来解决大规模场景下的优化问题。基于实际数据进行了大量实验来测试所提出的算法的性能，结果表明，FNDS-$G_{ps}$ 算法在小规模场景下是有效的；在大规模场景下，混合 VNS-NSGAII 算法在解决方案质量方面优于 NS-GAII 算法、SPEA2 算法、MOPSO 算法和 MOCELL 算法。此外，还分析了通勤者影响因素参数的灵敏度，分析得出，对于拼车的出行时间的把控在于更优质的拼车匹配和路线规划。而拼车乘客的费用越高，车企利润受负面影响越大，适当地加大折扣力度是提高乘客积极性、提升利润的一种有力途径。本章提出的方案在一定时期内会对通勤者的拼车决策产生影响，拼车通勤者的感知价值随着天数的增加而增加，这对提高拼车用户的黏度、扩大拼车市场、发展辅助公交系统有一定的作用。

# 第 4 章　考虑通勤者需求和车辆行程时间随机的通勤班车路径优化问题

公司通勤班车作为一种被广泛使用的辅助公交，一直以来都深受通勤者的欢迎。很多公司将通勤班车服务外包给车辆服务公司，也有一些公司将通勤班车业务纳入自我经营的范围，成为公司盈利的一部分。在以往的通勤班车规划研究中，满足通勤者时间要求的同时最小化成本是运营商的主要目标，本章研究更人性化的车辆路线规划方案，在路线设计中考虑了通勤员工对于站点位置的要求和车辆行程时间不确定的情况，构建了站点选择和路径协同优化的框架；提出了一种改进的 FCM 算法，以获得更适合该问题的聚类；提出了一种启发式动态规划算法 H-SDP 来解决通勤班车站点选择问题；运用改进的 VNS 算法来优化通勤班车路线方案；通过大量的数值实验验证了算法的优势，并分析了相关参数的灵敏度。本章提出更符合实际情况的方案来吸引更多的通勤员工，从而提高通勤班车业务的利润，促进通勤班车业务在辅助公交系统中的发展。

## 4.1 引言

通勤班车是公司为提高员工的通勤效率而提供的一种便捷的通勤方式，它相对普通公交而言具有较少的站点和更严格的时间窗，其较短的行程时间和不担心迟到的特点成为最有力的竞争优势。然而，许多公司忽视了通勤班车服务的盈利能力，而更多地关注服务成本。更人性化的通勤班车站点设置和路线规划可以吸引更多的员工，从而为公司带来更多的利润。

对于通勤班车线路问题（Commuter Bus Routing Problem，CBRP）的研究较少，很多学者主要研究经典的校车线路问题（School Bus Routing Problem，SBRP）。然而，CBRP 模型与 SBRP 模型在以下两个方面有所不同：①两种车辆服务模式在乘车需求不确定性方面存在显著差异，对于 SBRP 而言，乘车人数受交通拥堵、天气状况等客观环境动态变化的影响较大。然而，通勤班车服务的乘车人数主要受乘客满意度影响，乘客满意度则取决于合理的站点选择和路线规划。②两种车辆路径问题的优化目标不同，SBRP 的目标函数通常考虑车辆的行驶时间和距离，对利润关注较少。相比之下，通勤班车服务是许多公司的一项业务，除了为员工提供便利之外，其盈利能力同样值得关注。本章研究使利润最大化的公司通勤班车最优运营方案具有一定的现实意义。

在通勤班车服务过程中会存在一些不确定因素，主要体现在两个方面：一是行程时间的不确定性，车辆行驶时间因车辆速度而异，行程时间会受早晚通勤高峰时段和复杂交通条件的影响，也会受特殊天气等意外情况的影响，导致其具有不确定性；二是乘客需求的不确定性，需求的不确定性受通勤者个体因素的影响，根据调查，影响通勤者选择的主要因素是步行距离和乘客行程时间。因此，在公司通勤班车路线规划中，站点位置和行驶距离尤为重要。在实际的班车路线规划中，过多的站点会导致行驶距离和行驶时间的增加；而较少的站点会导致乘客步行距离的增加，从而降低通勤者对班车服务的选择意愿。因此，综合考虑通勤者需求和行程时间随机的站点设置及班车线路规划问题亟待解决。

本章研究了公司通勤班车站点选择与路径的协同优化问题。本章的主要内容安排如下：4.2 节描述了公司通勤班车路线规划问题。4.3 节用改进的 FCM 算法对数据进行了聚类。4.4 节建立了一个通勤班车站点选择和路径优化协同的问题模型，分别针对站点选择和路径优化子问题设计了相应的启发式求解算法。4.5 节进一步进行了模型的实验模拟和算法分析。4.6 节对本章内容作了小结。

## 4.2　问题描述

本章解决公司通勤班车的路径优化问题。假设公司位于城市边缘的几个工业园区，而员工居住在城市内部不同地点。通勤班车服务是由公司提供的一种通勤服务，需要员工付费。通勤班车服务作为一项公司业务，有盈利的目标，需要规划具有优势的通勤班车路线使这项业务更具吸引力，从而提高员工的使用率和业务利润。由于存在雨雪天气、高峰时段交通堵塞等诸多不确定性因素，使班车行驶时间具有不确定性。同时，班车线路站点的方便性对于员工通勤的选择有重要作用，不合理的站点会影响用户的选择。因此，通勤者需求和随机行程时间因素是设计通勤班车站点和路线规划方案主要考虑的因素，而通勤班车服务的盈利能力是本章模型的目标函数。

图 4-1 展示了这个问题的一个例子。出发地到目的地的行程表示为（$o$，$d$），$m_j$ 是候选站点。图 4-1 中有 18 个候选站点和 46 个通勤者。候选站点位于主干道上或十字路口。有 2 辆通勤班车提供服务。我们为每辆车设计了两条线路：其中，车辆 $k_1$ 的线路为 $R_1$（$m_1$，$m_5$，$m_6$，$m_8$）和 $R_2$（$m_2$，$m_3$，$m_7$，$m_{10}$），车辆 $k_2$ 的线路为 $R_3$（$m_{11}$，$m_{15}$，$m_{17}$）和 $R_4$（$m_{12}$，$m_{14}$，$m_{18}$）。可以看出，路线 $R_2$ 比路线 $R_1$ 距离短，路线 $R_3$ 比路线 $R_4$ 距离短。然而，$R_1$ 路线的通勤者需求可能会大于 $R_2$ 路线，$R_4$ 路线的通勤者需求可能会大于 $R_3$ 路线，因为更多的通勤者更靠近 $R_1$ 和 $R_4$ 的站点。其中，利润最大的路线是公司的最优选择。

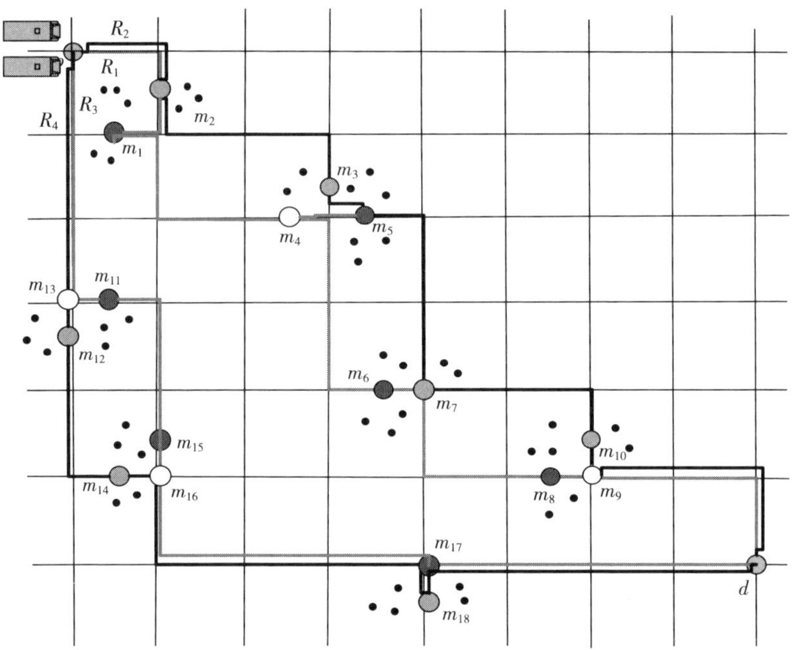


图 4-1　通勤班车站点选择及路径问题示例

本章考虑一个公司有多辆通勤班车的情形，设定了一些假设：①每个通勤者的乘车票价相同；②每辆通勤班车的行驶速度相同；③每辆通勤班车都是同质的。图 4-2 描述了通勤班车路线优化问题的框架。输入数据包括通勤者出发坐标、公司的位置坐标和定义的路网。首先，按通勤者地址进行聚类。其次，对于每个聚类中心，在主要道路和道路交叉路口具有 $m$ 个候选站点。再次，得到每辆车的最优路线和相应站点的初始解。最后，采用迭代算法对路线和站点方案进行优化。

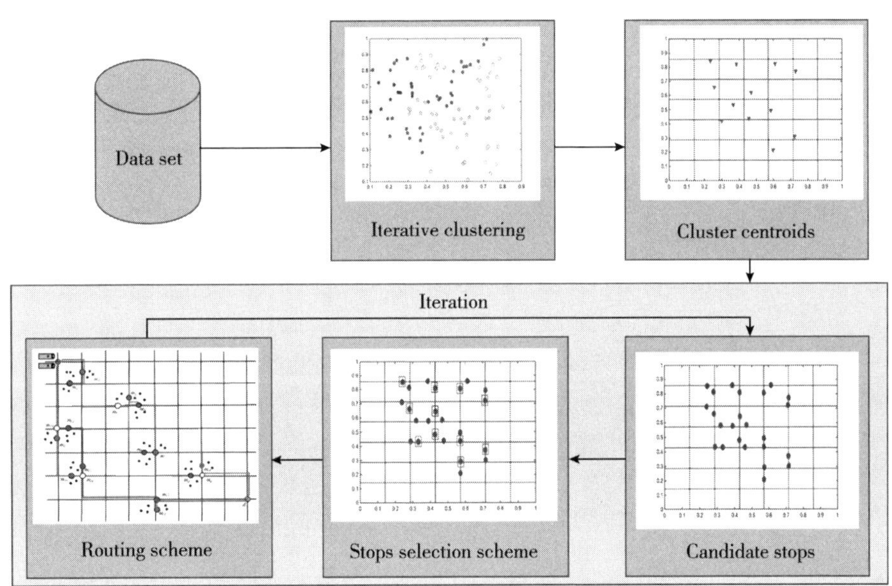


图 4-2　通勤班车站点选择与路径优化问题解决框架

## 4.3　数据聚类

在本节中，我们提出了一种改进的 FCM 聚类算法，对通勤者的出发地点进行聚类，为通勤班车的路线优化和站点选择提供数据输入。

### 4.3.1 FCM 聚类算法

FCM 聚类方法由于能够解决数据聚类的不确定性问题而得到了广泛的应用。隶属度作为数据聚类的重要依据，对其进行了迭代优化。设数据向量 $X$，$X=\{x_1, x_2, \cdots, x_n\}$，其中，$n$ 为元素个数。$x_i$ 表示通勤者 $i$，数据集分为 $c$ 个聚类，$S=\{s_1, s_2, \cdots, s_c\}$，$s_j$ 表示聚类质心。FCM 的目标函数如下：

$$J(U, S)=\sum_{i=1}^{n}\sum_{j=1}^{c}U(x_i, s_j)^{\mu}\cdot d(x_i, s_j)^2 \tag{4-1}$$

$U$ 表示 $x_i$ 属于 $s_j$ 的隶属度，如下：

$$U(x_i, s_j)=\frac{1}{\sum_{l=1}^{c}\frac{d(x_i, s_j)}{d(x_i, s_l)}^{\frac{2}{\alpha-1}}} \tag{4-2}$$

其中，参数 $\alpha$ 为模糊度的权重系数，$\alpha>1$；对于所有$x_i$，$\sum_{j=1}^{c}U(x_i, s_j)=1$，欧式距离 $d(x_i, s_j)$ 如下所示：

$$d(x_i, s_j)=\sqrt{\sum_{a=1}^{r}(x_{ia}-s_{ja})^2} \tag{4-3}$$

其中，参数 $r$ 为特征数。在本章中，$r=2$ 表示 $x$ 坐标和 $y$ 坐标。聚类中心 $S=\{s_1, s_2, \cdots, s_c\}$ 计算如下：

$$s_j=\frac{\sum_{i=1}^{n}U(x_i, s_j)^{\alpha}\cdot x_i}{\sum_{i=1}^{n}U(x_i, s_j)^{\alpha}} \tag{4-4}$$

在 FCM 方法中，更新参数 $S$ 和 $U$。反复计算式（4-2）和式（4-4）。当终止条件满足时，可得到最小目标函数中 $U$ 和 $S$ 的最优值。

FCM 是一种迭代优化方法。收敛性受初始解的影响较大。虽然 FCM 具有

较高的搜索速度，但它很快陷入局部最优。接下来，我们提出了一种改进的 FCM 算法来解决这个问题。

### 4.3.2　改进的 FCM 算法

#### 4.3.2.1　编码

我们在改进的 FCM 算法中设计编码方式，如图 4-3 所示。算子分为两个部分，第一部分是聚类的数量 $C$，第二部分是聚类中心 $S=\{s_1, s_2, \cdots, s_c\}$。编码是二进制的数值。

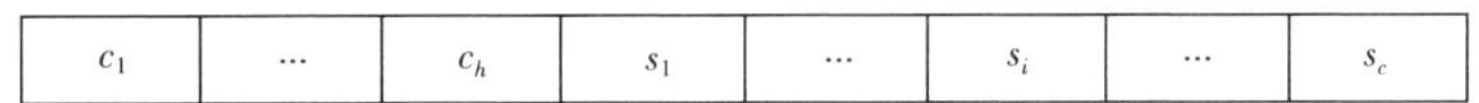

图 4-3　改进的 FCM 算法的编码

#### 4.3.2.2　改进的 FCM 算法的框架

我们为基于 FCM 算法的局部搜索操作定义了邻域结构 $F_e$。改进后的 FCM 算法的细节描述如表 4-1 所示。

表 4-1　改进的 FCM 算法的细节描述

| 改进的 FCM 算法 | |
|---|---|
| 步骤 1 | 初始化聚类数 $C$ 和聚类中心 $S$，初始解为 $Sol$。为每个通勤者 $x_i$ 计算隶属度 $U$ 和适应度函数 $J(U, S)$ |
| 步骤 2 | 定义邻域结构 $F_e$（$e=1, \cdots, e_{max}$） |
| 步骤 3 | 为每个个体 $Sol \in F_e(Sol)$ 进行第 eth 邻域搜索获得一个新解 $Sol'$ |
| 步骤 4 | 在新解 $Sol'$ 中为每个通勤者 $x_i$ 计算隶属度 $U'$ 和适应度函数 $J(U', S')$ |
| 步骤 5 | 如果解 $Sol'$ 比解 $Sol$ 优，则令 $Sol=Sol'$，并且 $e=1$，返回步骤 3；否则，令 $e=e+1$，并转步骤 6 |
| 步骤 6 | 如果 $e \leq e_{max}$，则返回步骤 3；否则，终止迭代 |

在实验中，我们选择 2-opt 和 3-opt 来定义改进的 FCM 算法的邻域结构。算法的主要框架如图 4-4 所示。

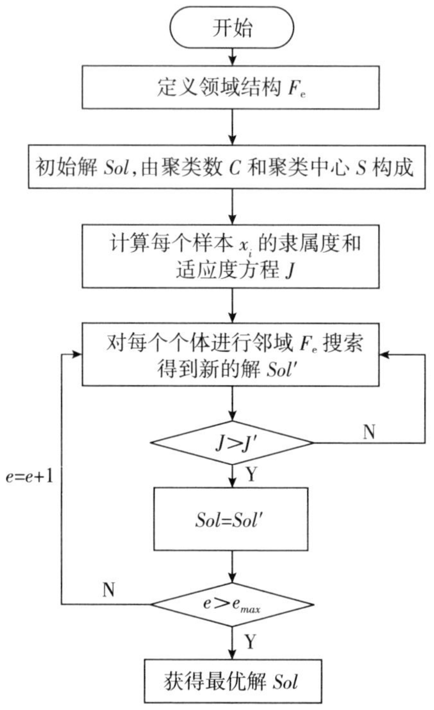


**图 4-4　改进的 FCM 算法框架**

## 4.4　模型建立和算法设计

在本节中，我们建立了一个考虑员工乘车需求和行驶时间随机的通勤班车优化问题的协同优化模型。优化问题是车辆路由子问题和通勤班车站点选择子问题。在求解阶段，提出了一种启发式的动态规划算法来解决站点选择问题，设计了具有两个 Shaking 动作的 VNS 算法解决车辆路径优化问题。

### 4.4.1　模型建立

通勤班车路径问题可以看作 PDPTW 问题的一个变体。将所有候选站点定义到图 $G=(M, E)$ 中，$M=\{0, 1, \cdots, n\}$ 表示顶点，$E=\{(i, j) \mid i, j\in M, i\neq j\}$ 表示一个有向路径从点 $i$ 出发到达点 $j$，通勤班车从固定的车场出发，以公司所在地为终点，定义起点和终点为 $(o, d)$。假设有 $K$ 辆通勤车辆为员工服务，车辆 $k=\{1, 2, \cdots, K\}$。决策变量为 $y_{ijk}$，$y_{ijk}=1$，表示车辆 $k$ 从点 $i$ 出发到达点 $j$，否则，$y_{ijk}=0$。目标函数为整体业务期望利润最大化，具体如式（4-5）所示。

$$Q = max\sum_{k\in K}\sum_{(i, j)\in E}v(y_{ijk}) \tag{4-5}$$

其中，$v(y_{ijk})$ 是路径 $(i, j)$ 产生的期望利润，表示如下：

$$v_k(y_{ijk})=P(y_{ijk})R(y_{ijk}) \quad k=1, 2, \cdots, K \tag{4-6}$$

其中，$P(y_{ijk})$ 为车辆 $k$ 从点 $i$ 出发到达点 $j$ 的概率，$R(y_{ijk})$ 为路径 $(i, j)$ 的利润函数。车辆服务的利润由收入 $Inc(y_{ijk})$ 与成本 $Cost(y_{ijk})$ 的差值表示如下：

$$R(y_{ijk})=Inc(y_{ijk})-Cost(y_{ijk}) \tag{4-7}$$

每个候选站点最多只被服务一次，如式（4-8）和式（4-9）所示。

$$\sum_{k\in K}\sum_{i\in M}y_{ijk}\leqslant 1 \quad j=1, 2, \cdots, M \tag{4-8}$$

$$\sum_{k\in K}\sum_{j\in M}y_{ijk}\leqslant 1 \quad i=1, 2, \cdots, M \tag{4-9}$$

所有车从车场出发到达公司，如式（4-10）所示。

$$\sum_{k\in K}\sum_{i\in M}y_{idk} = \sum_{k\in K}\sum_{j\in M}y_{ojk} = K \tag{4-10}$$

以上模型表达了在候选站点中选出最佳站点得到利润最大的通勤班车路线。由于解空间过大，本章将其分为两个子问题进行协同处理：第一步，根据聚类结果给出班车初始路线；第二步，在每条路线的站点选择子问题中使用随机动态规划的方法分阶段求得最优站点；第三步，通过设计的 VNS 算法对班车路径和匹配进行优化，并返回第二步迭代寻优；第四步，输出最优站点和路线方案。

### 4.4.2 通勤班车站点选择问题算法设计

每个通勤班车站点都是从候选站点集合中选择的。本节提出了一种新的随机动态规划方法来解决班车站点选择问题。

#### 4.4.2.1 站点选择问题描述

将每个聚类的候选站点选择过程视为一个阶段，阶段集合为 $S=\{s \mid s=0, 1, 2, \cdots, C\}$。当通勤巴士从停车场出发时，$s=0$。将候选点集合 $M$ 进行划分，按阶段定义 $M_s$，$M_s$ 是 $s$ 阶段的候选站点集合。每个阶段的候选站点定义为 $m_{s,i} \in M_s$，$m_{s,i}$ 是 $s$ 阶段的第 $i$ 个候选车站。$A(s)$ 是状态 $s \in S$ 下可能发生的动作，$a_{s,i} \in A(s)$。如果 $s+1$ 阶段的候选站点 $i$ 被选中，则 $a_{s,i}=m_{s+1,i}$。在 $s$ 状态下，通勤班车的行驶时间和乘客数量已经确定，我们需要确定下一阶段 $s+1$ 的最佳站点。后阶段决策的过程不受之前阶段的影响。对于整个决策过程的最优策略，可以使用离散动态规划方法来求解，具体如图 4-5 所示。

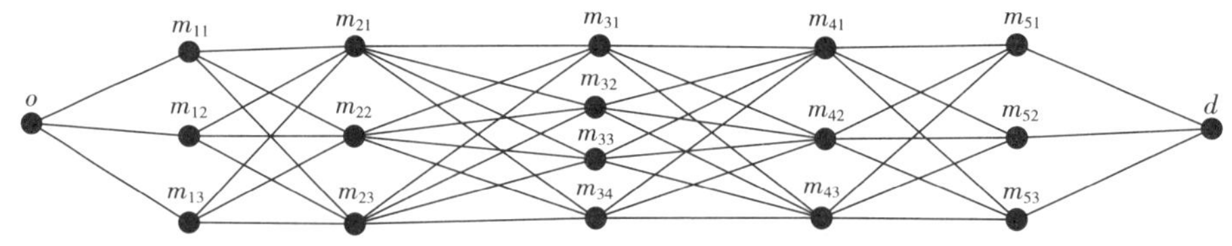


图 4-5 站点选择的离散动态规划

然而，由于交通情况的不确定性，通常很难准确估计车辆行驶时间。学者通常将随机优化问题（SDP）转化为确定性优化问题，并在统计学上进行动态优化。在此，我们建立了 SDP 过程的模型，并提出了一种 H-SDP 算法来解决站点选择问题。我们将 $R(s, a_{s,i})$ 定义为在状态 $s \in S$ 下，执行 $a_{s,i} \in A(s)$ 的行为的报酬函数。我们建立了带有价值函数 $V^*$ 和最优策略 $\pi^*$ 的最大报酬问题模型。Bellman 方程如下所示：

$$V^*(s+1) = max_{a_{s,i} \in A(s)} E\{R(s, a_{s,i}) + \gamma V^*(s-1)\} \tag{4-11}$$

其中，$\gamma \in (0, 1)$ 为折现率。对于每个 $s \in S$，向量 $V^*(s+1)$ 的价值函数可转换为：

$$V^*(s+1) = max_{a_{s,i} \in A(s)} \{ \sum_{m_{s,j} \in M_s} P(T_{m_{s,i}, m_{s+1,j}}) [R(s, a_{s,i}) + \gamma V^*(s)] \} \tag{4-12}$$

其中，$P(T_{m_{s,i},m_{s+1,j}})$ 是班车从站点 $m_{s,i}$ 行驶到站点 $m_{s+1,j}$ 在 $s+1$ 阶段的时间窗内的概率。每一阶段 $s$ 的时间窗要求表示为 $(e_s, l_s)$。$P(T_{m_{s,i},m_{s+1,j}})$ 可表示如下：

$$P(T_{m_{s,i}, m_{s+1,j}}) = \int_{e_{s+1}}^{l_{s+1}} \frac{1}{\sqrt{2\pi}\sigma} e^{-\frac{(T_{m_{s,i}, m_{s+1,j}} - \mu)^2}{2\sigma^2}} d(T_{m_{s,i}, m_{s+1,j}}) \tag{4-13}$$

行驶时间 $T_{m_{s,i},m_{s+1,j}}$ 是不确定的。总的行驶时间也由站点停车时间 $t_{m_{s+1,j}}$ 和链路行程时间 $t_{m_{s,i},m_{s+1,j}}$ 组成。我们假设站点停车时间是站点等待通勤者数量的线性函数，链路行驶时间服从正态分布。让 $ft_{m_{s+1,j}}$ 和 $vt_{m_{s+1,j}}$ 分别表示在每个站点搭载通勤者的固定时间和可变时间，对于 $W_{m_{s+1,j}}$ 个通勤者来说，需要花费 $ft_{m_{s+1,j}} + vt_{m_{s+1,j}} W_{m_{s+1,j}}$ 的时间。行驶时间 $T_{m_{s,i},m_{s+1,j}}$ 的期望值和方差分别表示如下：

$$\mu T_{m_{s,i},m_{s+1,j}} = \mu t_{m_{s,i},m_{s+1,j}} + \mu t_{m_{s+1,j}} \tag{4-14}$$

$$\sigma^2 T_{m_{s,i},m_{s+1,j}} = \sigma^2 t_{m_{s,i},m_{s+1,j}} + \sigma^2 t_{m_{s+1,j}} \tag{4-15}$$

Caceres 等（2016）在研究中对接送通勤者的链路行驶时间和站点停车时

间进行了估计。

报酬函数 $R(s, a_{s,i})$ 是在 $s$ 状态下做出 $a_{s,i}$ 的选择的收益，如下所示：

$$R(s, a_{s,i}) = Inc(s, a_{s,i}) - Cost(s, a_{s,i}) \tag{4-16}$$

其中，$Inc(s, a_{s,i})$ 表示在 $s \in S$ 状态下执行 $a \in A(s)$ 的班车收益。$Inc(s, a)$ 与通勤者选择班车通勤的概率有关，如下所示：

$$Inc(s, a_{s,i}) = z \sum_{x_i \in X_{s+1}} w(a_{s,i}, x_i) \tag{4-17}$$

其中，$z$ 为每个通勤者的车费，$X_{s+1}$ 状态为 $s+1$ 的通勤者集合。$w(a_{s,i}, x_i)$ 表示在状态 $s \in S$，通勤班车执行 $a_{s,i} \in A(s)$ 的行为时，通勤者 $x_i$ 班车出行的概率。步行到站点的距离是影响通勤者出行方式选择的最重要因素。如果站点相对较远，通勤者更有可能选择其他交通方式。Logistic 回归模型可以用来研究站点位置与通勤者乘车意愿之间的影响关系。我们将步行距离和通勤者拼车概率之间的关系表达为 Sigmoid 函数的变体，如下所示：

$$w_s(a_{s,i}, x_i) = \frac{1}{1+e^{-[\theta - d(a_{s,i}, x_i)]}} \tag{4-18}$$

其中，$\theta$ 表示固定系数。$d(a_{s,i}, x)$ 表示当车辆在执行动作 $a_{s,i}$ 时，通勤者 $x_i$ 到站点的距离。如果 $a_{s,i} = m_{s+1,j}$，通勤者选择共乘的数量为 $W_{m_{s+1,j}} = \sum_{x_i \in X_{s+1}} w(m_{s+1,j}, x_i)$。

$Cost(s, a_{s,i})$ 为通勤班车在 $s \in S$ 状态下执行 $a \in A(s)$ 行为的出行成本，如下所示：

$$Cost(s, a_{s,i}) = \varepsilon t(s, a_{s,i}) = \varepsilon d(m_{s,j}, m_{s+1,i}) / h \tag{4-19}$$

其中，$t(s, a_{s,i})$ 为车辆在 $s \in S$ 状态下执行 $a_{s,i} \in A(s)$ 的行程时间，$\varepsilon$ 是每小时的燃料成本，$d(m_{s,j}, m_{s+1,i})$ 是车辆从站点 $m_{s,j}$ 到 $m_{s+1,i}$ 的距离，$h$ 是车辆的速度。

4.4.2.2　结构性质

为每个聚类确定候选站点是获得最佳站点策略的关键。这里研究了模型中的几个性质，以帮助获得最佳站点。

为了使总收入最大化，我们应最大化期望报酬函数，如下所示：

$$R(s,\ a_{s,\ i}) = z\sum_{x_i \in X_s} \frac{1}{1 + e^{-[\theta - d(a_{s,\ i},\ x_i)]}} - \varepsilon d(m_{s,\ j},\ m_{s+1,\ i})/h \tag{4-20}$$

其中，$a_{s,i}$ 是候选站点的位置。我们设置 $d(a_{s,i},\ x_i) = ax$，$\theta - ax = u$，$d(m_{s,j},\ m_{s+1,i}) = ma$，$d(m_{s,i},\ x_i) = d$，and $ma = d - ax = d - \theta + u$。

性质1：$X_s$ 是 $s$ 阶段的通勤者集合。设 $R_s(u) = z\sum_{x_i \in X_s} w(u) - \varepsilon/h \cdot (d - \theta + u)$。存在一个阈值 $u^*$ 使 $R_s(u^*)$ 最大。

证明：我们把 $a$ 作为 $R_s$（$a$）的变量，然后对 $R_s$（$a$）求导。

$$\frac{dR}{du} = z\sum_{x_i \in X_s} w(u)' - \varepsilon/h = z\sum_{x_i \in X_s} w_s(u)[1 - w_s(u)] - \varepsilon/h \tag{4-21}$$

如果 $\sum_{x_i \in X_s} w_s(u)[1 - w_s(u)] = \varepsilon/hz$，则 $\frac{dR}{da} = 0$ 并且 $\frac{d^2R}{du^2} \neq 0$，存在一个阈值 $u^*$ 来使 $R_s(u^*)$ 最优。也就是说，存在最优的 $a^*$ 得到最佳的 $R(s,\ a^*)$。

性质2：我们设置了一个动作 $a^*$ 来优化 $R_s(a^*)$。在主干道上存在站点 $m_{s+1,i}{}^* \in M_{s+1}$，其报酬函数 $R_s(m_{s+1,i}{}^*)$ 与 $R_s(a^*)$ 差值最小的站点是 $s$ 阶段的最优策略。

证明：我们设 $\Delta_{s,i} = R_s(a^*) - R_s(m_{s+1,i})$，$m_{s+1,i}$，$m_{s+1,j} \in M_{s+1}$，则 $R_s(m_{s+1,i}) = zW_{m_{s+1,j}} - \delta t(s,\ m_{s+1,i})$。

在动态规划中，可以推导出价值函数如下：

$$V(s+1,\ m_{s+1,i}) = R_s(m_{s+1,i}) + \gamma V^*(s) \tag{4-22}$$

那么，$V(s+1,\ m_{s+1,i}) - V(s+1,\ m_{s+1,i}) = \Delta_{s,j} - \Delta_{s,i}$。如果 $\Delta_{s,i} < \Delta_{s,j}$，则 $V(s+1,\ m_{s+1,i}) > V(s+1,\ m_{s+1,j})$，且 $V^*(s+1) = V(s+1,\ m_{s+1,i})$。主干道上存在站点

$m_{s+1,i}{}^{*} \in M_{s+1}$，为 $s$ 阶段的最优策略。

在路网中，每个区域都被一条或多条可用的主干道包围。根据性质 1 和性质 2，可以得到每条可用主干道的最佳候选站点。采用动态规划方法，根据多条主干道上的候选站点，确定最优站点选择策略。此外，还应考虑行程时间的随机性。结合上述特性，我们设计了 H-SDP 算法来获得最优策略。

4.4.2.3　*求解方法*

结合上述特性和 SDP 方法，我们提出了通勤班车站点选择问题的 H-SDP 算法，以获得最优策略。H-SDP 算法开发如表 4-2 所示。

**表 4-2　H-SDP 算法开发**

| H-SDP 算法 | |
|---|---|
| 步骤 1 | 初始化参数：车辆的状态集合 $S$，转移概率 $P$，通勤者集合 $N$，后续车站的初始集合 $M'$ |
| 步骤 2 | 设 $s=0$，$v_{\pi *}(s)=0$ |
| 步骤 3 | 如果 $P(M_s \mid M_{s+1}) \neq 0$，我们基于性质 1 和性质 2 求解围绕聚类中心主干路最优的 $R_s(a^*)$ 和 $R_s(m^*_{s+1,i})$，决策出候选站点集合 $M$ |
| 步骤 4 | 根据转移概率 $P(M_s \mid M_{s+1})$ 计算最优价值 $v_{\pi *}(s+1)$。设 $\pi^*(s)=\pi(s)$ |
| 步骤 5 | 如果 $s=C$，停止迭代，否则，设 $s=s+1$，并转向步骤 3 |
| 步骤 6 | 产生一个最优值 $v_{\pi *}(s+1)$ 及最优策略 $\pi^*$ |

### 4.4.3　通勤班车路径规划问题算法设计

考虑站点选择的通勤班车路径问题是一个协同优化问题。在这一小节中，我们解决通勤班车的路径优化子问题。

车辆路径子问题与 PDPTW 问题相似，PDPTW 问题是一个 NP-hard 问题。为了在合理的时间内解决问题，我们使用了 VNS 算法。VNS 算法在求解优化问题时具有强大的搜索能力和灵活性，算法原理是通过跳转到不同的邻域，

找到最优的解决方案。我们设计了针对多辆通勤班车问题的 VNS 算法的编码、初始解、Shaking 动作和邻域结构。

4.4.3.1　编码和解码策略

为了对解向量进行编码，我们考虑以下两个阶段：第一阶段，为每个通勤者聚类分配车辆；第二阶段，为每个车辆的乘客安排服务顺序。图 4-6 描述了一个基于 VNS 算法的编码策略示例。

Encoding

| $s_1$ | $s_2$ | $s_3$ | $s_4$ | $s_5$ | $s_6$ | $s_7$ | $s_8$ |
|---|---|---|---|---|---|---|---|
| 0.32 | 2.58 | 1.23 | 0.19 | 1.77 | 2.21 | 0.47 | 2.63 |

Decoding

| $s_4$ | $s_1$ | $s_7$ | $s_3$ | $s_5$ | $s_6$ | $s_2$ | $s_8$ |
|---|---|---|---|---|---|---|---|
| 0.19 | 0.32 | 0.47 | 1.23 | 1.77 | 2.21 | 2.58 | 2.63 |
| $k$=1 | | | $k$=2 | | $k$=3 | | |

**图 4-6　VNS 算法的编码和解码策略**

解 $g_i$ 的编码是一组随机小数。我们设 $g_i=\{s_1, s_2, \cdots, s_n\}$，$s_i<K$。解 $g_i$ 的解码是服务车辆和每个站点 $s_i$ 的服务顺序。我们按照 $s_i$ 最接近的车号 $k$ 来安排车辆，并且每辆车的服务顺序为 $s_i$ 值的顺序。例如，由于 $\{s_4, s_1, s_7\}<1$，$s_4$、$s_1$、$s_7$ 站点由车辆 $k=1$ 提供服务，而在图 4-6 中，$s_3$、$s_5$ 站点由车辆 $k=2$ 提供服务，$s_6$、$s_2$、$s_8$ 站点由车辆 $k=3$ 提供服务。车辆 $k=1$ 的服务顺序是 $s_4$、$s_1$、$s_7$，车辆 $k=2$ 的服务顺序是 $s_3$、$s_5$，车辆 $k=3$ 的服务顺序是 $s_6$、$s_2$、$s_8$。

4.4.3.2　初始解

初始解是影响优化效率的重要因素。一般来说，通勤者的服务顺序是基于他们从住所到公司的距离而定的。本章将初始解中的各站点的服务顺序按照通勤者到公司地址的距离远近进行排列，可以加快算法的优化速度。

4.4.3.3 Shaking 动作

在 Shaking 阶段，我们通过改变不同车辆的分配和服务序列来生成新的解，可以加快算法的收敛速度。我们设计了两个 Shaking 动作：①交换属于不同车辆的任何两组服务 $s_i$、$s_j$。随机找到属于两辆不同车辆的两组服务 $s_i$、$s_j$，用两辆车的车号的差值对服务 $s_i$、$s_j$ 进行相应的加减。重新排序每辆车的 $s_i$、$s_j$ 产生新的解，图 4-7（a）描述了第一个 Shaking 动作。②随机找出属于两个不同车辆的两组服务顺序并进行交换，对两辆车的 $s$ 值重新排序，图 4-7（b）描述了第二个 Shaking 动作。

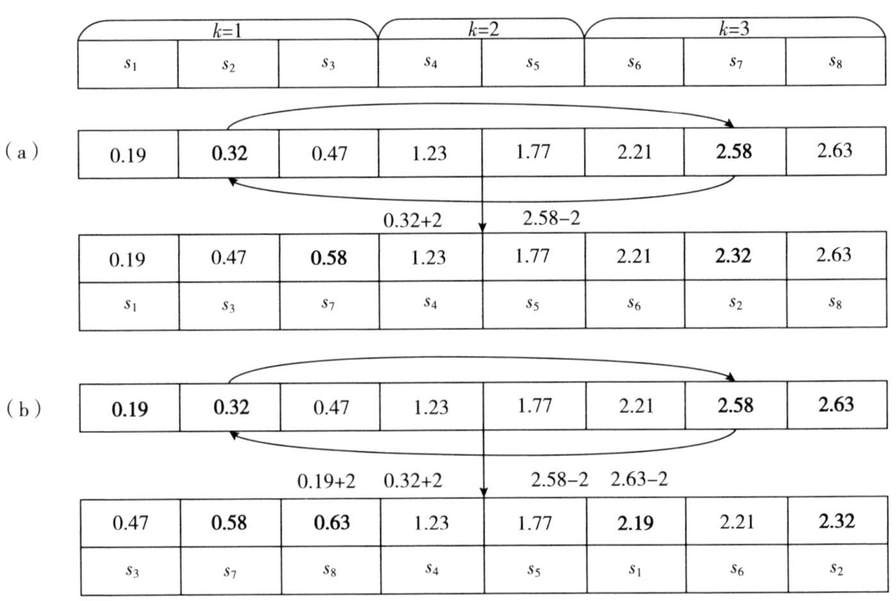


**图 4-7 两个 Shaking 动作**

4.4.3.4 邻域结构

一般来说，交换操作和插入操作是分配问题中常用的 VNS 邻域结构。交

换邻域结构是随机交换给定解的两个元素。插入邻域结构是将一个随机选择的元素插入另一个随机选择的元素之前或之后。在我们的算法设计中，采用了经典的交换邻域结构，2-opt 和 3-opt 作为局部搜索操作。VNS 算法的主要框架如图 4-8 所示。

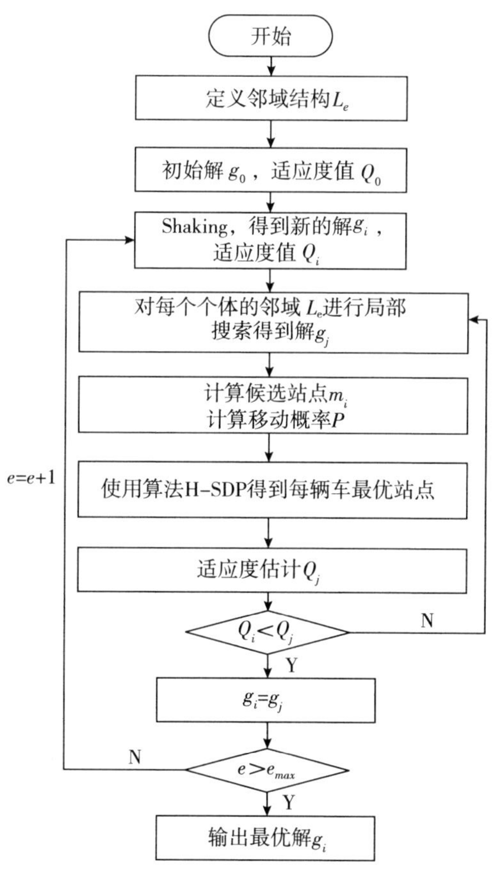


**图 4-8　VNS 算法流程**

#### 4.4.3.5　VNS 算法结构

VNS 的算法解决通勤班车路径优化问题的主要步骤如表 4-3 所示。

表 4-3 VNS 算法的主要步骤

| VNS 算法的主要步骤 | |
|---|---|
| 步骤 1 | 定义邻域结构 $L_e$（$e=1$，…，$e_{max}$） |
| 步骤 2 | 给出初始解 $g_0$，并计算最优站点及适应度 $Q_0$ |
| 步骤 3 | 执行 Shaking 动作，得到新的解 $g_i$ 和适应度 $Q_i$ |
| 步骤 4 | 对个体 $g_i$ 执行局部搜索 $L_e$ 获得解 $g_j$ |
| 步骤 5 | 对解 $g_j$ 计算候选站点集 $M$ |
| 步骤 6 | 使用 H-SDP 算法计算最优站点集合及适应度 $Q_j$ |
| 步骤 7 | 如果解 $Q_j$ 优于解 $Q_i$，则令 $g_i=g_j$，$e=1$ 并返回步骤 4；否则令 $e=e+1$，转到步骤 8 |
| 步骤 8 | 如果 $e \leqslant e_{max}$，则返回步骤 3；否则，停止迭代 |

## 4.5 数值实验

在本节中，我们通过一系列的计算实验来评估所提算法的有效性和性能。首先，为了验证改进的 FCM 算法在本问题中聚类的有效性，我们将其与原始 FCM 算法进行了比较。其次，将两种新型邻域结构的 VNS 算法与其他三种元启发式算法进行了比较，验证了该算法的性能。

### 4.5.1 数据及参数设置

我们创建了不同的场景来研究解的质量和算法的计算效率。本小节采用了北京某公司实际员工住所数据集，对所有数据均进行预处理。清理后，数据被重新格式化，作为实验输入。根据 Caceres 等（2016）的研究，对接送通勤者的链路行驶时间和站点停车时间进行了估计，上车的固定等待时间 $ft_{m_{s,j}}=19(\mathrm{s})$，

可变时间 $vt_{m_{s,j}}=2.6(s)$，链路行驶时间的标准差 $\sigma t_{m_{s-1,i},m_{s,j}}=0.1(s)$。设置每辆车每公里的燃料成本为 $\delta=3$(RMB/L)。在算法结果的比较试验中，设车辆 $k$ 的平均速度 $V=30$(km/h)，每位乘客的费用为 $z=10$(RMB)。

### 4.5.2　改进 FCM 算法的比较

在本节中，我们将改进的 FCM 算法与原始 FCM 算法进行了比较。问题参数设置如表 4-4 所示。

表 4-4　问题参数设置

| 符号 | 定义 | 值 |
|---|---|---|
| $K$ | 通勤车辆的数量 | 2，3，4，5，6，8 |
| $N$ | 通勤者的数量 | 50，70，85，100，120，150，180，200，250，300，350 |
| $r$ | 特征数 | 2 |
| $b$ | 模糊度的权重系数 | 3 |
| $e_{max}$ | 最大迭代系数 | 200 |

对于每个实例，本章提出的算法和比较算法分别运行了 20 次。表 4-5 给出了每个实例中算法结果的最大值、中值、最小值和平均值。为了增加表的可读性，最优的度量值已用粗体标记。

表 4-5　改进的 FCM 算法和原始的 FCM 算法实验结果

| 实例 (K，N) | 改进的 FCM 算法 | | | | 原始的 FCM 算法 | | | |
|---|---|---|---|---|---|---|---|---|
| | 最小值 | 中值 | 最大值 | 平均值 | 最小值 | 中值 | 最大值 | 平均值 |
| (2，50) | **95.21** | **100.15** | **106.33** | **101.57** | 94.49 | 98.63 | 103.56 | 99.12 |
| (2，70) | **149.44** | **154.35** | **162.77** | **155.73** | 144.21 | 150.11 | 156.37 | 152.15 |
| (2，85) | **174.85** | **182.76** | **191.31** | **182.52** | 168.23 | 175.75 | 181.91 | 176.83 |

续表

| 实例 (K, N) | 改进的 FCM 算法 | | | | 原始的 FCM 算法 | | | |
|---|---|---|---|---|---|---|---|---|
| | 最小值 | 中值 | 最大值 | 平均值 | 最小值 | 中值 | 最大值 | 平均值 |
| (3, 70) | **130.58** | **137.54** | **142.14** | **136.79** | 125.29 | 130.46 | 138.21 | 132.22 |
| (3, 85) | **165.69** | **171.93** | **179.51** | **173.34** | 161.13 | 165.32 | 172.42 | 165.88 |
| (3, 100) | **195.55** | **198.21** | **208.85** | **199.84** | 187.28 | 193.55 | 199.86 | 190.38 |
| (3, 120) | **266.70** | **275.69** | **289.40** | **277.05** | 261.28 | 269.32 | 277.21 | 264.19 |
| (4, 100) | **193.25** | **201.19** | **210.03** | **201.44** | 187.26 | 196.77 | 204.25 | 195.32 |
| (4, 120) | **236.46** | **244.32** | **256.22** | **245.14** | 229.62 | 237.78 | 247.23 | 238.51 |
| (4, 150) | **318.25** | **331.32** | **339.12** | **332.14** | 311.25 | 320.72 | 332.49 | 321.57 |
| (4, 180) | **389.12** | **405.59** | **417.23** | **402.19** | 367.21 | 389.25 | 408.12 | 381.47 |
| (5, 120) | **223.14** | **231.66** | **342.98** | **232.18** | 218.35 | 226.11 | 231.14 | 224.23 |
| (5, 150) | **267.00** | **274.94** | **283.30** | **275.16** | 261.21 | 271.76 | 280.40 | 271.46 |
| (5, 180) | **376.16** | **381.35** | **394.35** | **380.23** | 353.91 | 362.76 | 375.42 | 363.92 |
| (5, 200) | **428.15** | **442.13** | **451.51** | **440.77** | 415.36 | 427.18 | 439.82 | 425.56 |
| (6, 150) | **289.52** | **301.42** | **318.31** | **300.78** | 271.39 | 288.19 | 297.45 | 188.62 |
| (6, 180) | **332.79** | **344.92** | **357.24** | **346.12** | 312.56 | 325.25 | 334.83 | 326.66 |
| (6, 200) | **352.06** | **368.14** | **378.85** | **365.75** | 331.15 | 342.21 | 354.36 | 344.32 |
| (6, 250) | **469.33** | **481.21** | **498.87** | **485.47** | 442.62 | 458.32 | 472.31 | 456.23 |
| (7, 180) | **323.77** | **337.90** | **352.12** | **338.95** | 308.14 | 320.11 | 335.19 | 319.53 |
| (7, 200) | **391.12** | **402.17** | **415.86** | **404.76** | 370.28 | 383.17 | 404.72 | 381.44 |
| (7, 250) | **466.05** | **474.26** | **488.61** | **475.28** | 428.85 | 442.55 | 467.55 | 443.73 |
| (7, 300) | **588.33** | **610.42** | **622.17** | **608.34** | 551.21 | 564.03 | 584.36 | 564.55 |
| (8, 200) | **358.66** | **374.03** | **389.79** | **373.41** | 338.05 | 355.12 | 372.43 | 354.85 |
| (8, 250) | **494.12** | **516.08** | **531.29** | **513.77** | 462.18 | 476.21 | 489.93 | 478.44 |
| (8, 300) | **578.91** | **585.23** | **608.17** | **586.46** | 538.76 | 553.89 | 570.56 | 552.41 |
| (8, 350) | **719.33** | **738.28** | **754.94** | **736.52** | 681.59 | 696.63 | 714.23 | 694.57 |

由表 4-5 的结果可以看出，由改进的 FCM 算法得到的各种度量的实验结果在所有实例中都优于原始 FCM 的实验结果。每个实例的平均值如图 4-9 所示。

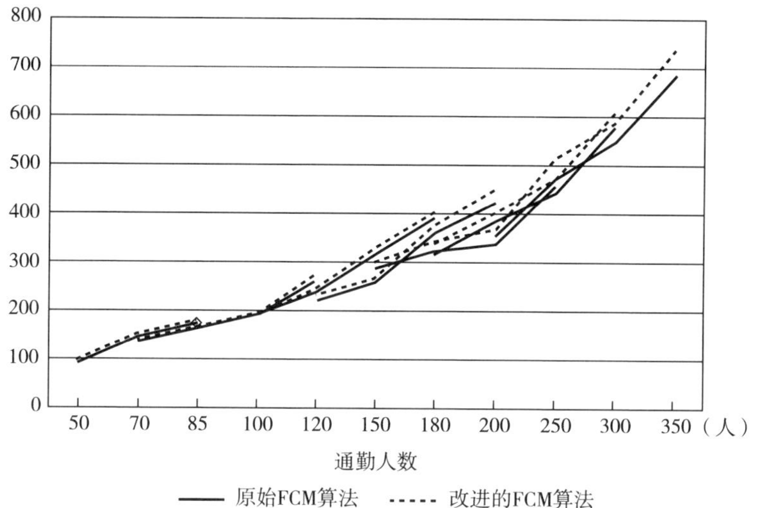


**图 4-9　两个算法中算例均值的比较**

我们比较了改进后的 FCM 算法和原始 FCM 算法在所有实例中的平均值。在所有实例中，改进的 FCM 算法比原始 FCM 算法的性能更好。此外，改进的 FCM 算法比原始 FCM 算法在求解大规模实例时的效果更好。

### 4.5.3　VNS 与其他元启发式算法的比较

在本节中，我们将 VNS 算法与其他三种基于种群的算法如遗传算法（GA）、模拟退火算法（SA）和蚁群算法（ACO）进行比较，以证明它的有效性和效率。GA、SA、ACO 的参数分别由 Unsal 和 Yigit（2018）、Spada 等（2005）、Yigit 和 Unsal（2016）提出。参数设置如表 4-6 所示。

**表 4-6　实验的参数设置**

| 参数类型 | 参数 | 值 |
|---|---|---|
| GA 的参数 | 交叉率 | 0.9 |
| | 变异率 | 0.1 |
| | 种群规模 | 200 |

续表

| 参数类型 | 参数 | 值 |
| --- | --- | --- |
| SA 的参数 | 降温系数 | 0.8 |
| | 初始温度 | 200 |
| | 终止温度 | 1 |
| ACO 的参数 | 信息素的相对重要性 | 1 |
| | 可见价值的重要性 | 1 |

我们比较了算法在不同实例中的执行情况。对于每个实例，所有算法都要运行 20 次。记录每个实例中算法结果的最大值、最小值和平均值。此外，为了评价 VNS 算法在不同实例下的性能，我们将 VNS 算法与其他算法得到的结果之间的差距作为度量指标。

$$Gap=\frac{result_{Best}^{VNS}-result_{Best}^{i}}{result_{Best}^{i}} \tag{4-23}$$

其中，$result_{Best}^{i}$ 表示算法 $i$ 得到的最佳结果，各算法对各实例的度量值比较如表 4-7 所示。

**表 4-7　不同实例下算法性能的比较**

| 实例 | 数值 | VNS | GA | SA | ACO |
| --- | --- | --- | --- | --- | --- |
| （3，100） | 最小值 | 185.47 | **188.54** | 172.76 | 176.84 |
| | 平均值 | **197.51** | 193.21 | 183.32 | 188.58 |
| | 最大值 | **201.37** | 198.33 | 190.27 | 195.22 |
| | 差距 | 0 | 0.015 | 0.05 | 0.03 |
| （3，120） | 最小值 | **266.70** | 260.05 | 257.66 | 252.83 |
| | 平均值 | 273.69 | **275.19** | 272.12 | 269.45 |
| | 最大值 | **289.40** | 285.25 | 283.38 | 276.15 |
| | 差距 | 0 | 0.014 | 0.02 | 0.04 |
| （4，100） | 最小值 | 190.25 | 187.34 | 182.17 | **193.76** |
| | 平均值 | **201.19** | 195.22 | 191.58 | 196.45 |
| | 最大值 | **210.03** | 202.13 | 198.93 | 205.62 |

续表

| 实例 | 数值 | VNS | GA | SA | ACO |
|---|---|---|---|---|---|
| （4，100） | 差距 | 0 | 0.04 | 0.05 | 0.02 |
| （4，120） | 最小值 | 236.46 | 232.29 | 228.83 | 234.82 |
| | 平均值 | 242.32 | **244.18** | 236.46 | 240.47 |
| | 最大值 | 256.22 | 250.36 | 245.19 | 251.15 |
| | 差距 | 0 | 0.02 | 0.04 | 0.02 |
| （4，150） | 最小值 | **318.25** | 314.77 | 310.25 | 316.04 |
| | 平均值 | **331.32** | 324.45 | 317.76 | 323.43 |
| | 最大值 | **339.12** | 332.28 | 325.35 | 328.89 |
| | 差距 | 0 | 0.02 | 0.04 | 0.03 |
| （4，180） | 最小值 | **389.12** | 383.62 | 371.25 | 385.42 |
| | 平均值 | **405.59** | 398.23 | 388.48 | 402.11 |
| | 最大值 | 412.23 | **417.88** | 392.74 | 408.92 |
| | 差距 | 0 | -0.01 | 0.06 | 0.02 |
| （5，120） | 最小值 | 221.14 | **223.78** | 217.64 | 219.51 |
| | 平均值 | **231.66** | 228.15 | 226.33 | 227.48 |
| | 最大值 | **342.98** | 337.22 | 328.49 | 335.12 |
| | 差距 | 0 | 0.02 | 0.04 | 0.02 |
| （5，150） | 最小值 | **271.36** | 258.93 | 254.39 | 260.14 |
| | 平均值 | **280.41** | 268.33 | 267.25 | 272.82 |
| | 最大值 | **294.22** | 278.17 | 277.42 | 282.69 |
| | 差距 | 0 | 0.05 | 0.06 | 0.04 |
| （5，180） | 最小值 | **376.16** | 372.81 | 369.33 | 372.15 |
| | 平均值 | 379.35 | 378.23 | 375.15 | **381.23** |
| | 最大值 | **394.35** | 385.59 | 382.72 | 389.66 |
| | 差距 | 0 | 0.02 | 0.03 | 0.02 |
| （5，200） | 最小值 | **428.15** | 414.32 | 412.11 | 415.19 |
| | 平均值 | **442.13** | 428.59 | 425.13 | 429.52 |
| | 最大值 | **451.51** | 437.63 | 424.86 | 439.16 |
| | 差距 | 0 | 0.03 | 0.06 | 0.03 |

续表

| 实例 | 数值 | VNS | GA | SA | ACO |
|---|---|---|---|---|---|
| （6，150） | 最小值 | **289.57** | 284.94 | 276.45 | 278.68 |
| | 平均值 | **301.42** | 296.78 | 289.21 | 293.24 |
| | 最大值 | 315.31 | **318.27** | 307.11 | 311.59 |
| | 差距 | 0 | -0.01 | 0.03 | 0.02 |
| （6，180） | 最小值 | **332.79** | 328.53 | 325.19 | 328.76 |
| | 平均值 | **344.92** | 339.75 | 334.77 | 338.28 |
| | 最大值 | **357.24** | 348.17 | 345.49 | 350.96 |
| | 差距 | 0 | 0.02 | 0.03 | 0.02 |
| （6，200） | 最小值 | 338.61 | 325.45 | 321.15 | **338.74** |
| | 平均值 | **352.78** | 338.71 | 340.43 | 343.95 |
| | 最大值 | **368.17** | 353.83 | 355.78 | 356.21 |
| | 差距 | 0 | 0.04 | 0.03 | 0.03 |
| （6，250） | 最小值 | **469.33** | 454.92 | 451.33 | 455.23 |
| | 平均值 | **481.21** | 462.17 | 460.62 | 464.32 |
| | 最大值 | **498.87** | 482.57 | 476.94 | 483.27 |
| | 差距 | 0 | 0.03 | 0.04 | 0.03 |
| （7，180） | 最小值 | **323.77** | 320.04 | 316.16 | 318.25 |
| | 平均值 | 334.90 | 332.19 | 328.63 | **337.09** |
| | 最大值 | **352.12** | 343.35 | 340.75 | 347.82 |
| | 差距 | 0 | 0.02 | 0.03 | 0.01 |
| （7，200） | 最小值 | **391.12** | 386.62 | 382.83 | 388.12 |
| | 平均值 | **402.17** | 394.47 | 389.71 | 392.45 |
| | 最大值 | 411.86 | 410.03 | 403.59 | **415.61** |
| | 差距 | 0 | 0.01 | 0.03 | -0.01 |
| （7，250） | 最小值 | **440.70** | 438.32 | 428.62 | 434.22 |
| | 平均值 | **448.33** | 444.21 | 437.75 | 442.35 |
| | 最大值 | 457.21 | **459.61** | 448.94 | 451.23 |
| | 差距 | 0 | -0.005 | 0.02 | 0.01 |

续表

| 实例 | 数值 | VNS | GA | SA | ACO |
|---|---|---|---|---|---|
| （7，300） | 最小值 | **588.33** | 576.54 | 561.63 | 578.04 |
| | 平均值 | **610.42** | 603.65 | 577.88 | 591.75 |
| | 最大值 | **622.17** | 612.82 | 586.49 | 607.31 |
| | 差距 | 0 | 0.01 | 0.06 | 0.02 |
| （8，200） | 最小值 | **358.66** | 341.37 | 335.29 | 346.82 |
| | 平均值 | 370.03 | 365.22 | 358.76 | **374.91** |
| | 最大值 | **389.79** | 380.04 | 377.13 | 385.01 |
| | 差距 | 0 | 0.02 | 0.03 | 0.01 |
| （8，250） | 最小值 | **464.12** | 457.28 | 449.88 | 459.03 |
| | 平均值 | **486.08** | 472.53 | 463.92 | 481.24 |
| | 最大值 | **501.29** | 492.16 | 482.27 | 496.62 |
| | 差距 | 0 | 0.02 | 0.04 | 0.01 |
| （8，300） | 最小值 | **543.22** | 532.66 | 526.84 | 533.78 |
| | 平均值 | **552.43** | 543.88 | 538.27 | 541.51 |
| | 最大值 | **568.98** | 558.71 | 553.15 | 557.84 |
| | 差距 | 0 | 0.02 | 0.03 | 0.02 |
| （8，350） | 最小值 | **719.33** | 689.19 | 685.35 | 692.27 |
| | 平均值 | **738.28** | 724.84 | 712.62 | 726.14 |
| | 最大值 | **754.94** | 736.92 | 728.28 | 741.69 |
| | 差距 | 0 | 0.02 | 0.04 | 0.01 |

我们对不同实例的结果进行了比较。从表4-7可以看出，VNS算法在最大值、最小值和平均值方面的竞争力最强，分别具有18个、18个和17个实例的最优值。GA和ACO算法对于最大值、最小值和平均值的性能相似，分别在2个、2个和3个实例中具有最佳值。SA算法的性能远远低于VNS、GA和ACO算法。通过分析不同算法在不同实例中的性能，我们可以看出，VNS算法的性能表现是最好的，GA和ACO算法的性能表现优于SA算法。

我们在图4-10中描述了5个不同实例中算法的收敛性能的比较。

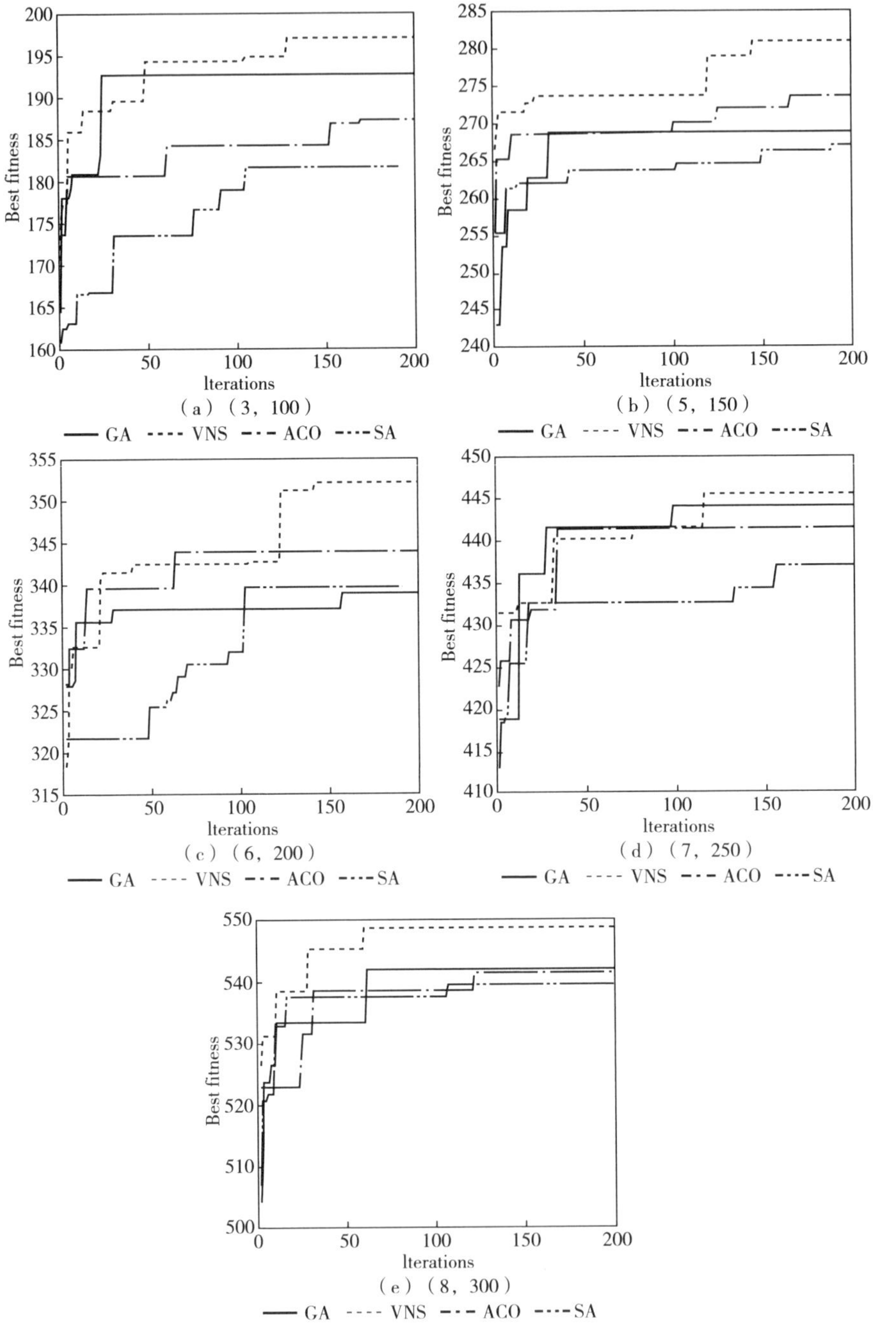
Best fitness
Iterations
（a）（3，100）
GA VNS ACO SA
Best fitness
Iterations
（b）（5，150）
GA VNS ACO SA
Best fitness
Iterations
（c）（6，200）
GA VNS ACO SA
Best fitness
Iterations
（d）（7，250）
GA VNS ACO SA
Best fitness
Iterations
（e）（8，300）
GA VNS ACO SA

图 4-10 算法的收敛性能

在 5 个实例中，VNS 算法的收敛性能最好。图 4-10（a）显示了实例（3，100）的适应度收敛情况。结果表明，VNS 算法的收敛性能优于其他算法。在实例（5，150）中也可以观察到同样的趋势［图 4.10（b）］，VNS 方案的性能优于其他方案。在图 4.10（c）中，实例（6，200）的结果显示 VNS 算法比其他三种算法要好得多。然而，在图 4.10（d），实例（7，250）的结果中，VNS、GA 和 ACO 算法的性能一样好，并且都优于 SA 算法。图 4.10（e）展示了实例（8，300）的适应度收敛情况。VNS 算法的求解效果优于其他算法。因此，所设计的 VNS 算法的收敛性能优于其他算法。

### 4.5.4　参数分析

本节分别对乘客步行距离参数和出行时间不确定的相关参数的灵敏度进行分析。

#### 4.5.4.1　步行距离系数

步行到站点的距离是影响通勤者出行方式选择的重要因素，直接影响着通勤者选择通勤班车的行为。Logistic 回归模型可以用来分析站点位置与通勤者乘车意愿之间的影响关系。由式（4-18）得出步行距离和通勤者 $x_i$ 拼车概率之间的关系表达为 Sigmoid 函数的变体，其中，$\theta$ 是临界系数，表示通勤者可接受的步行距离阈值。$\theta$ 的值对通勤者决策影响很大，在本小节，我们对临界系数 $\theta$ 对利润值的影响进行分析，这里取 $\theta=0.1$，0.2，0.3，0.4，0.5，0.6（km）进行实验，实验结果如表 4-8 所示。

表 4-8　不同步行距离系数下的通勤班车利润值比较

| $\theta$ | 算例 | | | | | | | | | |
|---|---|---|---|---|---|---|---|---|---|---|
| | (50，2) | (70，2) | (85，3) | (100，3) | (120，4) | (150，5) | (180，5) | (200，6) | (250，7) | (300，8) |
| 0.1 | 85.36 | 138.08 | 172.16 | 193.46 | 243.48 | 276.76 | 368.54 | 343.78 | 432.83 | 540.43 |
| 0.2 | 86.98 | 144.91 | 189.47 | 198.36 | 259.16 | 288.8 | 372.45 | 352.04 | 445.21 | 549.12 |

续表

| θ | 算例 | | | | | | | | | |
|---|---|---|---|---|---|---|---|---|---|---|
| | (50, 2) | (70, 2) | (85, 3) | (100, 3) | (120, 4) | (150, 5) | (180, 5) | (200, 6) | (250, 7) | (300, 8) |
| 0.3 | 96.68 | 150.24 | 195.23 | 212.98 | 271.01 | 296.86 | 381.18 | 367.22 | 453.19 | 551.25 |
| 0.4 | 117.93 | 164.62 | 216.01 | 227.48 | 283.11 | 299.39 | 398.59 | 372.18 | 467.48 | 566.58 |
| 0.5 | 121.17 | 172.32 | 225.6 | 246.25 | 299.46 | 313.61 | 421.43 | 379.88 | 481.21 | 574.47 |
| 0.6 | 120.98 | 172.91 | 231.58 | 246.73 | 302.99 | 313.95 | 422.01 | 378.92 | 482.06 | 574.21 |

由表4-8可以看出，不同步行距离系数可以产生不同的利润值，具体变化如图4-11所示。当 $\theta<0.5$ 时，通勤者出行意愿受步行距离的心理阈值影响，心理阈值增大时，可接受的步行距离增加，参与通勤班车出行的概率增加，从而使利润增加。当 $\theta\geqslant0.5$ 时，利润值没有随着步行距离系数的变化而产生显著变化。

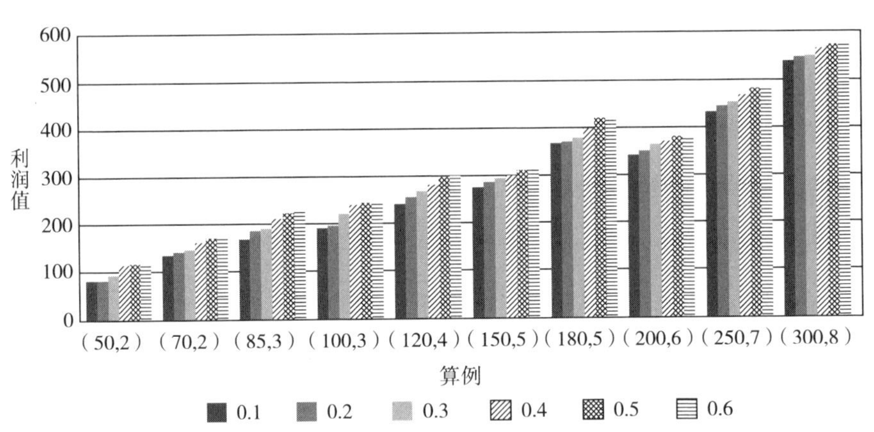


**图4-11　不同步行距离系数对通勤班车利润值的影响**

4.5.4.2　出行时间不确定性参数

车辆的行驶时间因天气、路况情况而具有不确定性。Caceres 等（2016）

在研究中对接送通勤者的链路行驶时间和站点停车时间进行了估计，认为车辆的行驶时间服从正态分布。行驶时间 $T_{m_i,m_j}$ 的期望值和方差分别如式（4-14）和式（4-15）所示。其中，链路行驶时间为站点 $m_i$ 到站点 $m_j$ 的行驶时间，均值为 $\mu t_{m_i,m_j}$，方差为 $\sigma^2 t_{m_i,m_j}$。

在本小节用 4 个不同的行驶时间标准差 $\sigma$=0.1，0.2，0.3，0.4 重新生成了 10 个不同实例的适应度结果，如表 4-9 所示。

表 4-9　不同出行时间标准差下的通勤班车利润值比较

| $\sigma$ | 算例 | | | | | | | | | |
|---|---|---|---|---|---|---|---|---|---|---|
| | (50，2) | (70，2) | (85，3) | (100，3) | (120，4) | (150，5) | (180，5) | (200，6) | (250，7) | (300，8) |
| 0.1 | 100.15 | 154.16 | 168.21 | 197.53 | 244.32 | 280.43 | 382.33 | 353.78 | 449.83 | 553.43 |
| 0.2 | 98.26 | 151.91 | 166.59 | 195.32 | 241.67 | 278.80 | 376.45 | 350.04 | 446.21 | 550.12 |
| 0.3 | 96.85 | 148.18 | 163.86 | 193.17 | 236.35 | 275.14 | 372.18 | 347.22 | 442.19 | 547.25 |
| 0.4 | 95.42 | 146.92 | 160.92 | 188.24 | 231.23 | 269.89 | 368.59 | 342.18 | 437.48 | 542.56 |

图 4-12 显示了不同不确定性级别下利润的变化。由图 4-12 可以看出，所有实例的目标函数值随着不确定性（标准差）的增加而减小。可以表明，通勤班车服务的业务利润随着车辆行驶时间的不确定性增加而下降。

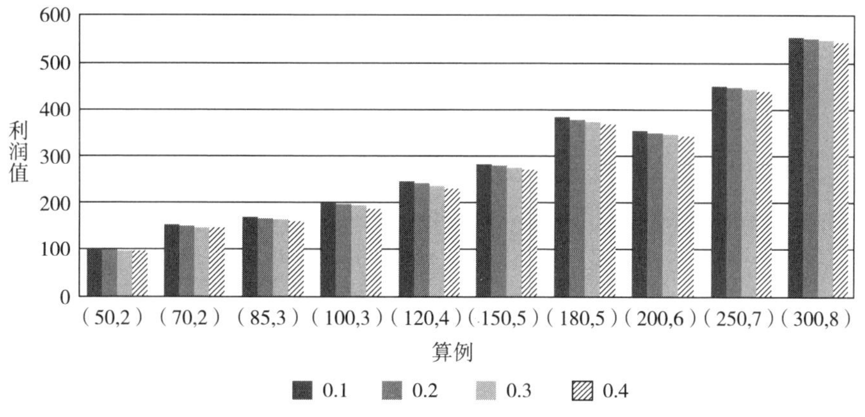


图 4-12　不同时间标准差下的通勤班车利润值变化

## 4.6 本章小结

本章研究了公司通勤班车站点选择与路径的协同优化问题。基于公司通勤班车利润最大的出发点，同时考虑了车辆行驶时间不确定的情况和通勤者步行距离需求，建立协同优化问题的模型，并进行求解。该模型对改善公司通勤班车服务具有实际意义。

研究的主要工作可归纳如下：首先，我们在数据准备阶段提出了一种改进的 FCM 算法，以获得更适合该问题的聚类。其次，在求解阶段构建了站点选择和路径优化的算法框架，提出了一种启发式动态规划算法 H-SDP 来解决行驶时间不确定和考虑乘客需求的通勤班车站点选择问题。再次，运用了改进的 VNS 算法来优化通勤班车路线方案。最后，进行了大量的数值实验，结果表明，在不同场景下，本书所设计的 VNS 算法在求解质量方面优于其他三种元启发式算法。此外，对步行距离参数和行驶时间不确定参数进行了敏感度分析，可以得出，步行距离在 0.5（km）上下，辅助公交运营的利润提升幅度最大，业务利润随着车辆行驶时间的不确定性增加而下降。本章的解决方案对通勤班车优化有实际意义，有助于推动通勤班车服务在辅助公交系统中发展。

# 第 5 章　考虑通勤者出行方式选择的定制公交站点选择和路径优化问题

定制公交是一种新型的辅助公交模式，是从居住地到工作地的一站直达式班车。与第 4 章中公司通勤班车的运营不同，定制公交运营商不仅为某公司员工提供服务，其面向的人群是城市中各行业的通勤人员，因而需要制定多条不同的通勤线路。定制公交相对传统公交更灵活，有较少的站点和较短的行程时间。为了使定制公交业务规模扩大，更具吸引力，需要在路线规划过程中进一步挖掘通勤者的出行需求。本章考虑了通勤者选择出行方式中重要的影响因素，并根据真实轨迹数据设计更人性化的站点布置和线路规划，建立了一个双层整数规划模型，提出一个合并站点算法；对 DBSCAN 聚类结果进行进一步处理，获得合适的 OD 区域；设计了一个动态规划算法 DP-Min-Cir 来解决车辆最优路径的上层问题；提出了一个启发式算法 VNS-KM 来解决站点数量和乘客步行距离均衡的下层最优站点问题；结合真实的问卷数据分析和出租车数据进行实验，实验结果验证了算法的优势。此外还分析了通勤者出行方式选择的影响因素相关参数的敏感性，并得出相应的管理启示。本章研究旨在提高定制公交的竞争力，促进辅助公交系统的可持续发展。

## 5.1 引言

近年来，定制公交系统已经在中国兴起。定制公交是从居住地到工作地的直达式公交，用户可以通过网站提出出行需求，定制公交企业根据用户的需求和客流情况进行公交路线和时刻表设计。定制公交一般情况下一人一座，并且车辆环境较好，它是能够吸引乘客尤其是通勤者的一种交通方式。定制公交系统自 2013 年在青岛首次推出以来，凭借缓解拥堵、环境友好以及更好的出行体验等优势，在中国越来越多的城市中获得了高人气。如今，中国有 30 多个城市在运营定制公交服务。定制公交要求系统能够从一组不同的需求中发现类似的出行需求。定制公交线路的起点和终点之间应该有较少的中间站点，并且时间表应该适应大多数乘客的需求。与出租车和拼车等交通工具相比，定制公交成为一种在大型社区和中央商务区之间更经济、高效的通勤方式。

现有的定制公交系统通过汇总在线调查收集的出行数据来规划定制公交线路，这种方法存在信息收集不够全面、潜在客户发掘不足的问题。与传统的公交线网设计相比，定制公交的公交线网设计面临着新的挑战。首先，定制公交需要引起通勤者的兴趣。定制公交应该将运输资源分配到离出发地和目的地较近、出发时间相近的大规模出行需求中，以实现盈利。其次，定制公交线路应同时考虑提供快速高效的运输服务和扩大服务范围来吸引用户以赚取更多利润，在这两个相互冲突的目标之间找到权衡。

在本章中，我们研究如何系统地规划定制公交线路来实现通勤者的出行

需求，在提供服务的同时实现线路利润最大化。定制公交路径规划并不应局限于满足乘客提出的实际出行需求，还应从其他真实的出行数据来源中挖掘潜在的出行需求，如出租车 GPS 轨迹和公共交通交易记录，这些数据反映了城市的真实出行需求。从真实的出行需求出发，设计具有吸引力的通勤线路，提供高效的运输方案，有助于定制公交业务的良性发展。

本章的主要安排：5.2 节对考虑通勤者出行方式选择的定制公交路径优化问题进行描述。5.3 节对出行轨迹数据进行挖掘，整理候选站点集合。5.4 节建立了一个双层整数规划模型，提出了一个启发式算法和一个动态规划算法，解决站点选择和路径优化问题。5.5 节进行了数值实验，通过实际调查数据验证算法的有效性。5.6 节对本章内容作了小结。

## 5.2　问题描述

对于在城市中开展定制公交业务，初始线路设计应具有吸引力。初始线路的设计不仅要通过企业平台收集用户的出行需求，同时需要充分挖掘潜在的出行需求，使初始线路与乘客匹配度更高，从而提高乘客服务率和市场份额。本章针对定制公交的主要用户——通勤者设计路线方案。整个设计过程分为两个阶段：第一阶段需要充分挖掘通勤者潜在的出行需求。通过收集真实的出租车轨迹记录，利用轨迹聚类的挖掘方法，找到潜在的客户需求。第二阶段需要设计出利润最大、匹配度较高且成本较小的定制公交线路。通过建立数学模型，在模型中考虑通勤者出行方式选择概率，设计算法，找到最佳的定制公交站点位置和路线。

本章研究的考虑通勤者选择概率的定制公交路线规划问题是一个复杂的优化问题，涉及公交站点的选择、路线的优化以及服务覆盖率。研究设计了解决这个复杂的优化问题的方法框架，具体如图 5-1 所示。

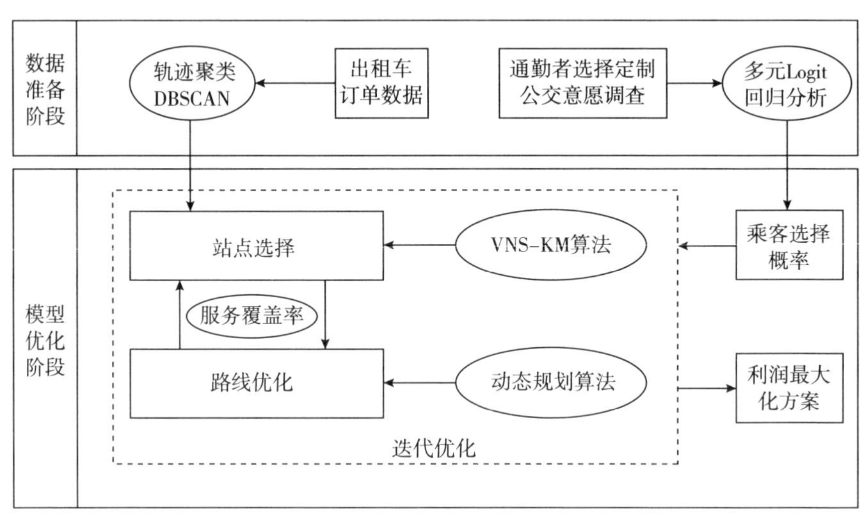


**图 5-1　定制公交路线规划求解框架**

在数据准备阶段，我们收集 4758 条出租车出行轨迹记录。根据早高峰时刻表进行数据清洗，使用 DBSCAN 算法从数据中提取出早高峰出行轨迹。在优化求解阶段，首先，为了规划利润最大化的定制公交路线，我们提出一个路线优化和站点选择的双层优化模型。其次，定制公交的特点是中途站点数量少、保证通勤时间，需要从出行轨迹的 OD 区域中提取少量最优站点。我们提出一种启发式算法找到各聚类的最优站点，站点在满足服务覆盖范围的要求下保证较短的步行距离和较少的数量。最后，我们设计了一个动态规划算法，为每个 OD 对设计最佳路线及服务覆盖率。

# 5.3　数据聚类

在数据准备阶段需要挖掘车辆的轨迹数据，梳理数据找到候选站点集合。在轨迹聚类的方法中，DBSCAN 是一种被普遍采用的方法，该算法的聚类思想是基于密度聚类原理，在某一区域内，当被聚类点数达到一定数量，这些点可以被认为是一类。这与定制公交线路规划相似，当一个站点附近的通勤者人数达到一定数量时，这些通勤者则在同一站点上车。在本节的数据准备工作中，利用 DBSCAN 算法挖掘出行轨迹，聚类后的点还需要进一步进行站点合并，从而得到候选站点集合。

## 5.3.1　基于 DBSCAN 的轨迹聚类

DBSCAN 是一种基于密度的聚类算法，它可以根据数据密度找到形状不同的簇，并且它不受噪声的影响。DBSCAN 算法引入了密度可达、密度连通对象和连通性等概念，这些概念有助于发现密度不同的簇。

DBSCAN 需要两个参数作为输入，即 *Eps* 和 *Minpts*。对数据集 $D$ 中每一点的 *Eps* 邻域范围进行搜索，找到密度可达的点。点 $p$ 的 *Eps* 邻域表示为 $N(p) = \{q \in D \mid dist(p, q) \leq Eps\}$，需要计算 $p$ 和 $q$ 之间的欧几里得距离，然后求任意两点之间的距离是否小于 *Eps*，如果满足则密度可达，所有密度连接点作为一个簇。其中，不属于任何簇的数据点称为噪声点，具体原理如图 5-2 所示。DBSCAN 算法步骤如表 5-1 所示。

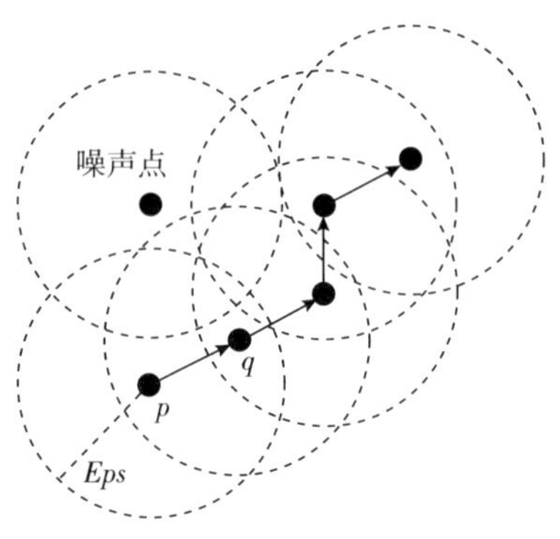


图 5-2　DBSCAN 算法示意

表 5-1　DBSCAN 算法步骤

| DBSCAN 算法 | |
|---|---|
| 步骤 1 | 输入最小半径 *Eps* 和最小密度阈值 *Minpts* 两个参数 |
| 步骤 2 | 从数据样本中任选一个核心点，找出与其距离小于等于 *Eps* 的所有邻居点 |
| 步骤 3 | 如果邻居点的数量>*Minpts*，则当前核心点与其邻居点形成一个簇，并且该核心点被标记为已访问 |
| 步骤 4 | 依次以相同的方法访问该簇内所有未被标记为已访问的点，从而对簇进行扩展 |
| 步骤 5 | 如果簇充分地被扩展，即簇内的所有点被标记为已访问，转步骤 2。用同样的算法去访问新的核心点。如果样本点不属于任何簇，则该点被标记作为噪声点 |

### 5.3.2　站点合并算法

为了布置合理的站点及其数量，我们需要先在聚类集合的上下车点中进行初步的站点合并。我们设定对距离小于 500 米的站点进行合并，为了找到数量最少的站点集合，我们设计了站点合并算法，步骤如表 5-2 所示。

表 5-2　站点合并算法的步骤

| 站点合并算法 | |
|---|---|
| 步骤 1 | 计算所有两个站点之间的距离 |
| 步骤 2 | 设置半径 $r=500\text{m}$，找到每个点为中心半径为 $r$ 的覆盖点集合 $rs_i$ |
| 步骤 3 | 找到覆盖点点数最多的集合 $rs_i$ |
| 步骤 4 | 删除集合 $rs_i$ 内的所有被覆盖点 |
| 步骤 5 | 如果 $\forall rs_i \neq \emptyset$，则返回步骤 2；如果所有集合 $rs_i$ 为空，则跳出循环 |

## 5.4　模型建立和算法设计

合并后的站点数量虽然在一定程度上有所减少，但仍然存在选择站点问题。在每个聚类中站点数量以及站点选择方案使路线最优成为一个综合的优化问题。本章建立一个双层优化模型来解决定制公交路线优化问题，其中，上层问题为定制公交线路的优化，需要得到利润最大化的路线；下层问题为站点的选择，需要平衡站点的数量和乘客的步行距离。

### 5.4.1　模型建立

定制公交站点的选择通常设置在乘客需求集中的主干道上，要求一定的道路条件，现有的常规公交和地铁站点均为已经具备车辆通行条件的站点，然而，一站式直达是定制公交的典型特点，为了保证较短的通勤时间，需要在每条线路的上车区域和下车区域挖掘出数量较少但方便程度最优的站点位置。选择最佳的站点位置来平衡行程时间和乘客步行距离，是其中的关键。如图 5-3 所示，在一个 OD 通勤区域中，上车区域和下车区域相对集中，我们需要选择上车区域和下车区域的站点进行路线规划。为此，我们建立了一个整数规划模型来描述这个问题。在模型中，我们提出了一个出行方式选择模型用于计算通勤者在一组可选通勤方式中选择定制公交的概率，以便准确计算定制公交业务利润，同时优化站点位置和公交路线，形成利润最大的定制公交线路规划。

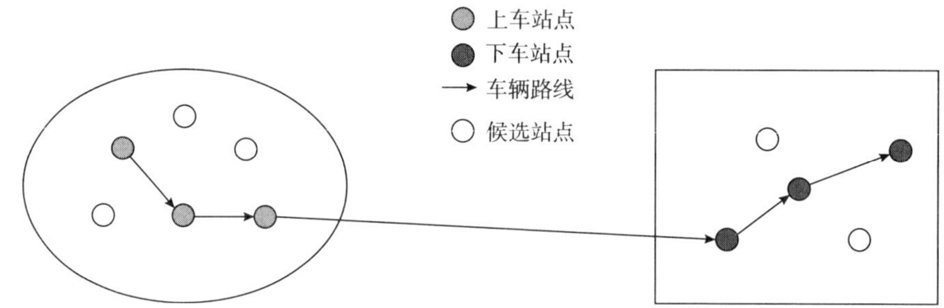


**图 5-3　定制公交路线的说明**

给定一组出行需求，我们的目标是找到一组定制公交车站的位置，并生成一组公交路线，目标是使所有定制公交线路的总利润最大化。一组通勤者集合 $N=\{n\}$，其中，每位通勤者表示一个出行需求，该出行需求包含出发地 $o$、目的地 $d$。一组车辆集合 $M=\{m\}$。

我们将公交站点部署、路线规划定位到一个道路网络 $G=(V, E)$ 中。每个顶点 $v_i \in V$ 表示路网中的点 $i$，每个弧（$v_i$, $v_j$）表明一个有向路径从点 $v_i$ 出发到达点 $v_j$。基于 $G$，我们定义了模型的决策变量，包括公交站点的位置、公交路线以及乘客到车辆的分配，具体如下：

$$x_{v_i,v_j}^{m}=\begin{cases}1，车辆\ m\ 从点\ v_i\ 出发到达点\ v_j \\ 0，其他\end{cases}$$

$$e_{v_i,v_j}^{m,n}=\begin{cases}1，通勤者 n 选择车辆 m 从点 v_i 出发到达点 v_j \\ 0，其他\end{cases}$$

其中，$e_{v_i,v_j}^{m,n}$ 和 $x_{v_i,v_j}^{m}$ 是一个二进制的矩阵，表达通勤者的出行行为和车辆的出行行为。

目标函数是最大化所有车辆的总利润。利润可以用票价收入减去运营成本计算，即：

$$maximizeF_1=\sum_{m\in M}\sum_{n\in N}P(n,\ m)z\sum_{(v_i,\ v_j)\in E}e_{v_i,\ v_j}^{m,\ n}dis(v_i,\ v_j)-\sum_{m\in M}\delta\sum_{(v_i,\ v_j)\in E}x_{v_i,\ v_j}^{m}dis(v_i,\ v_j) \quad (5-1)$$

其中，$z$ 是乘客乘车每公里的票价，$\delta$ 是车辆每公里的油费，$dis$（$v_i$，$v_j$）是从 $v_i$ 到 $v_j$ 的距离，$P$（$n$，$m$）是通勤者 $n$ 选择车辆 $m$ 的概率。

定制公交系统作为一种新的交通方式，其发展的目标是吸引更多的通勤者；将通勤者从出租车等现有交通方式转向定制公交。因此，建立弹性出行需求模型是必不可少的。我们采用多项 Logit（MNL）模型来估计在一组出行方式（如传统公共汽车或出租车）中乘客选择定制公交的概率。设 $mode$ 为包含定制公交的交通方式的集合，$a$ 为选择的出行方式 $a\in mode$。MNL 模型对乘客选择的概率进行如下估计：

$$P(n,\ a)=\frac{exp[U(n,\ CB)]}{\sum_{a\in mode}exp[U(n,\ a)]} \quad (5-2)$$

其中，$U(n,\ a)$是乘客 $n$ 选择出行方式 $a$ 的效用函数。乘客选择定制公交受很多因素影响，如舒适度、个人习惯、经济条件。本章考虑以下三个指标：①步行距离 $WA$；②出行时间 $T$；③出行费用 $R$。出行方式 $a$ 的效用函数定义为：

$$U(n,\ a)=\beta_{0,a}+\beta_{1,a}WA+\beta_{2,a}T+\beta_{3,a}R \quad (5-3)$$

其中，$\beta_{0,a}$，$\beta_{2,a}$ 和 $\beta_{3,a}$ 是选择出行方式 $a$ 的各个影响因素的权重系数，

$\beta_{0,a}$ 是常数项。

我们引入以下两个二元变量来表示乘客上下车 $m$ 的位置和时间：

$$O_{v_i}^{m,n}=\begin{cases}1, & \text{乘客 } n \text{ 从位置 } v_i \text{ 上车 } m\\ 0, & \text{其他}\end{cases}$$

$$D_{v_i}^{m,n}=\begin{cases}1, & \text{乘客 } n \text{ 从位置 } v_i \text{ 下车 } m\\ 0, & \text{其他}\end{cases}$$

乘客 $n$ 乘坐车辆 $m$ 的步行距离表示为：

$$WA_n=O_{v_i}^{m,n}dis(o_n,\ v_i)+D_{v_i}^{m,n}dis(v_i,\ d_n) \tag{5-4}$$

其中，$o_n$ 和 $d_n$ 分别表示乘客 $n$ 的起点和终点。通勤者实际出行时间为：

$$T_n=\sum_{(v_i,\ v_j)\in E}e_{v_i,\ v_j}^{m,\ n}\left[\frac{dis(v_i,\ v_j)}{s}+t_{stop}\right] \tag{5-5}$$

其中，$t_{stop}$ 为站点等待时间，$s$ 为车辆行驶平均速度。通勤者实际出行费用为：

$$R=z\sum_{(v_i,\ v_j)\in E}e_{v_i,\ v_j}^{m,\ n}dis(v_i,\ v_j) \tag{5-6}$$

其中，$z$ 为每公里票价。

以下为模型的约束条件：

$$\sum_{v_j\in V}x_{v_i,\ v_j}^{m}-\sum_{v_j\in V}x_{v_j,\ v_i}^{m}=\begin{cases}1, & i=r_0,\ t_i=T_0\\ -1, & i=r_0,\ t_i=T_{max}\\ 0, & otherwise\end{cases} \tag{5-7}$$

其中，$r_0$ 为车辆 $m$ 的停车场，$T_0$ 和 $T_{max}$ 分别是最早出发时间和最晚到达时间。式（5-8）表示每个顶点最多被访问一次。

$$\sum_{v_j\in V}x_{v_i,\ v_j}^{m}\leqslant 1,\ \forall v_i\in V \tag{5-8}$$

式（5-9）、式（5-10）表示每个乘客最多乘坐一辆车。

$$e_{v_i,v_j}^{m,n}\leqslant x_{v_i,v_j}^{m},\ \forall\ (v_i,\ v_j)\in E \tag{5-9}$$

$$\sum_{m \in M} e_{v_i, v_j}^{m, n} \leqslant 1, \ \forall (v_i, v_j) \in E \tag{5-10}$$

式（5-11）表示流量平衡约束。

$$\sum_{v_j \in V} e_{v_i, v_j}^{m, n} - \sum_{v_j \in V} e_{v_j, v_i}^{m, n} = O_{v_i}^{m, n} - D_{v_i}^{m, n}, \ \forall v_i \in V \tag{5-11}$$

乘客 $n$ 只能在一个顶点上车或者在一个顶点下车，即式（5-12）至式（5-14）。

$$\sum_{v_i \in V} O_{v_i}^{m, n} \leqslant 1 \tag{5-12}$$

$$\sum_{v_i \in V} D_{v_i}^{m, n} \leqslant 1 \tag{5-13}$$

$$\sum_{v_i \in V} O_{v_i}^{m, n} = \sum_{v_i \in V} D_{v_i}^{m, n} \tag{5-14}$$

式（5-15）表示车辆容量约束，其中，$\alpha$ 为车辆 $m$ 的容量。

$$\sum_{m \in M} e_{v_i, v_j}^{m, n} \leqslant \alpha x_{v_i, v_j}^{m}, \ \forall (v_i, v_j) \in E \tag{5-15}$$

下层问题：最大化定制公交的利润，就要增加通勤者选择概率 $P(n, m)$，其中影响概率的主要因素有步行时间、乘车时间和费用。而短的步行时间要求增加站点从而增加站点的服务覆盖率，但增加的站点会导致乘客乘车时间的增加，从而降低乘车的意愿。站点数量和站点的服务覆盖率是需要平衡的。下层问题的目标函数是找到最小的站点数量和最优的服务覆盖率，从而使通勤者的选择概率最大。

下层问题的目标函数如下：

$$minF_2 = \sum_{v_i \in V} O_{v_i}^{m} + \sum_{v_i \in V} D_{v_i}^{m} \tag{5-16}$$

$$maxF_3 = \sum_{v_i \in V} O_{v_i}^{m} \sum_{n \in N_{v_i}} Cov_{v_i}^{m, n} + \sum_{v_i \in V} D_{v_i}^{m} \sum_{n \in N_{v_i}} Cov_{v_i}^{m, n} \tag{5-17}$$

其中，$N_{v_i}$ 表示在站点 $v_i$ 上车的乘客集合。

$$O_{v_i}^{m} = \begin{cases} 1, & \text{车辆 } m \text{ 在上车区域点 } v_i \\ 0, & \text{其他} \end{cases}$$

$$D_{v_i}^m=\begin{cases}1,\text{车辆 } m \text{ 在下车区域点 } v_i\\0,\text{其他}\end{cases}$$

$$Cov_{v_i}^{m,n}=\begin{cases}1,\text{乘客 } n \text{ 到服务车辆 } m \text{ 的站点 } v_i \text{ 的距离 } dis\ (v_i,\ n)\ \leqslant\mu\\0,\text{其他}\end{cases}$$

对于双目标的优化问题，我们将其中一个优化目标转换为约束，先求得满足一定服务范围的最小站点数和位置，然后通过调整约束变量，找到最优的服务范围。我们将目标函数式（5-17）转化为式（5-18），其中，$\varepsilon$ 表示站点的服务覆盖率。

$$\frac{\sum_{v_i\in V}O_{v_i}^m\sum_{n\in N_{v_i}}Cov_{v_i}^{m,\ n}+\sum_{v_i\in V}D_{v_i}^m\sum_{n\in N_{v_i}}Cov_{v_i}^{m,\ n}}{\sum_{m\in M}\sum_{n\in N}O_{v_i}^{m,\ n}+\sum_{m\in M}\sum_{n\in N}D_{v_i}^{m,\ n}}\geqslant\varepsilon \tag{5-18}$$

$\varepsilon$ 的值不仅影响站点的位置、数量，而且影响上层路径优化问题中的公交利润。如果 $\varepsilon$ 值较小，则会使服务人数减少从而影响整体利润；$\varepsilon$ 值较大会使覆盖要求变高，站点数量增加，车辆行驶的成本和时间从而增加。

综上所述，我们的目标是在约束条件式（5-7）至式（5-18）下最大化总利润。与现有的公交线网设计模型相比，本章提出的模型具有以下特点：首先，我们使用多项 Logit 模型来估计乘客在一组可供选择的运输方式中选择定制公交的概率。这使模型能够考虑通勤者对其他交通方式的潜在需求，如出租车和传统公交车。其次，我们将 Logit 模型集成到优化公式中，以捕捉乘客的交通方式选择与公交线路设计之间的交互作用，即定制公交线路的设计会影响乘客的选择，而乘客的选择又会影响预计利润，因此，这个公式实现了提高运输服务效率和增加车辆利润两个相互冲突的目标之间的权衡。最后，该双层优化模型模拟了定制公交站点部署、线路优化和乘客与公交的分配问题。

### 5.4.2　定制公交站点选择问题算法设计

站点选择问题是典型的设施选址问题，具有 NP-hard 的特点，其具有复杂性，不能在多项式时间内进行最优求解。基于聚类模型已经提出了许多启发式方法，经典的 K-medoids 被用来将数据点分配到不同的组中，通过最小化组中的数据点（即乘客出发点）和组中心点（即公交车站）之间的距离进行聚类。具体算法步骤如表 5-3 所示。

表 5-3　K-medoids 算法步骤

| K-medoids 算法 | |
|---|---|
| 步骤 1 | 在总体样本 $n$ 中任意选取 $c$ 个点作为中心点 |
| 步骤 2 | 将剩余的 $n-c$ 个点分配到最近的中心点代表的簇中，并计算其适应度值 $f_i$ |
| 步骤 3 | 选取每个簇中的非中心点，计算当其为新的中心点时，适应度函数的值 $f_j$。如果 $f_j<f_i$，则选取这个非中心点作为新的中心点 |
| 步骤 4 | 重复步骤 2~步骤 3 的过程，直到所有的中心点不再发生变化或已经达到设置的最大迭代次数 |
| 步骤 5 | 产出最终确定的 $c$ 个簇 |

K-medoids 算法可以对大规模数据进行聚类，但计算时间较长，容易陷入局部最优解，稳定性差。在本书中，我们使用一种混合 VNS-KM 算法来解决 K-medoids 算法的不足。VNS 算法最早由 Mladenovic 和 Hansen 提出，长期以来，VNS 算法在混合方法中取得了良好的效果。在本章中我们利用 VNS 算法探索聚类中心的邻域结构。基于 VNS-KM 算法的具体操作如下：

（1）编码设计。站点选择问题需要在已有数据点中选择合适的站点，这里使用二进制数组对解进行编码，其中，1 表示选择站点，0 表示未选择站点。

（2）$k$ 值的确定。由于站点数量 $k$ 需要提前确定，$k$ 值极大地影响了算法的结果。为了解决 $k$ 值不确定这个问题，我们通过从 $k=1$ 开始逐步部署定制公交站点，直到 $k$ 满足覆盖和距离约束。当 $k=1$ 时，该站点的最优位置是在 $N_{v_i}$ 中到达所有其他位置总步行距离最小的位置。然后我们计算覆盖百分比，只要覆盖率低于 $\varepsilon$，就需要布置更多的站点 $k=k+1$，以满足覆盖率限制。

（3）邻域结构。一般来说，VNS 算法中交换操作是构建邻域结构最常用的方法。我们可以通过交换解中两个不同元素的位置来产生一个新的站点方案。本章针对基于 VNS 算法的局部搜索操作设计了两种邻域结构。①选中站点与其他非站点的点依次交换，图 5-4（a）描述了第一个邻域结构。②选中部分站点逆序产生新的解，图 5-4（b）描述了第二个邻域结构。

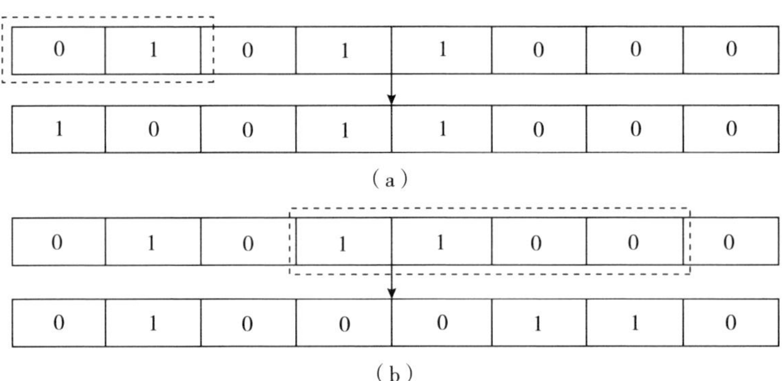


**图 5-4　两个邻域结构**

（4）VNS-KM 算法。在本章问题中，需要确定最佳的站点数量和站点位置。对于每一次 $k$ 值的更新，都要在新的解中找到最优的站点，计算复杂度较高。VNS 算法在 K-medoids 算法基础上使用邻域搜索找中心点位置，加快了 K-medoids 搜索的收敛速度。VNS-KM 算法步骤如表 5-4 所示。

表 5-4 VNS-KM 算法步骤

| VNS-KM 算法 | |
|---|---|
| 输入 | 起点和终点的聚类集合 $clu=\{C_i\}$，每个聚类集合的轨迹采集点集合 $C_i=\{v_j\}$，每个聚类的站点数量为 $k$，迭代次数为 $MaxT$，服务覆盖率为 $\varepsilon$ |
| 输出 | 每个聚类的站点集合为 $B_c$ |
| 1 | For $C_1$：$C_n$ do |
| 2 | 设 $B_c=\emptyset$，车站数 $k=0$，$Cov=0$ |
| 3 | While $Cov\leqslant\varepsilon$ do |
| 4 | $k=k+1$ |
| 5 | 找到 $k$ 个初始站点，形成初始解 $B_c$ |
| 6 | 计算初始站点的适应度值 $f$（$B_c$）（其他点到最短站点的距离和） |
| 7 | 定义邻域结构 $U_e$（$e=1$，2） |
| 8 | For t=1：$MaxT$ |
| 9 | 为个体 $B_c\in F_e$（$B_c$）进行第 eth 邻域搜索获得一个新解 $B_c'$ |
| 10 | 计算新解 $B_c'$适应度函数 $f$（$B_c'$） |
| 11 | If $f$（$B_c'$）$<f$（$B_c$） |
| 12 | Then 设 $B_c=B_c'$并且 $e=1$ |
| 13 | Else 设 $e=e+1$ |
| 14 | End |
| 15 | If $e>2$ then $e=1$ |
| 16 | End |
| 17 | 计算覆盖率 $Cov$ |
| 18 | End while |
| 19 | 输出最终站点集合 $B_c$ |
| 20 | End |

### 5.4.3 定制公交路径规划问题算法设计

在定制公交系统中，针对一类出行需求设置合理的定制公交车辆线路是非常重要的。我们针对每个起点和终点的集群 OD 对设计线路，根据需求量设计最优的服务车辆数和路线，使总利润最大化。在本节中，我们设计了一个动态规划算法来规划定制公交路线。

由于我们在需求集群的起始区域和目标区域分别部署了多个站点，因此定制公交路由问题可以表述为旅行商问题（Traveling Salesman Problem，TSP），即找出到达出发地和目的地各站点的最短路线。与传统的 TSP 不同的有以下两点：①模型目标函数解决的是利润最大化的定制公交路线方案而不是最短路径方案。②上车站点应该在下车站点之前。每个集群的站点我们用下层问题进行求解，得到的站点数量作为上层路径问题的输入。为了保证定制公交的效率，每条线路的站点数量不能过大。我们开发了一种 DP-MinCir 动态规划算法，为一组需求集生成乘客上站到下站的最优路径。

设 $B$ 为集群中已部署定制公交站点的集合。我们使用一个虚拟站点 $v_0$，没有乘客在这一点上下车，$v_0$ 和其他站点之间的距离是 0。我们将 $v_0$ 设为所有路径的初始停止点。$G=(V, E)$，$VB=\{v_0, v_1, \cdots, v_{bn}\}$ 是定制公交站点顺序集合，其中，$bn$ 表示站点数量集合 $S=\{v_0, v_i, v_{i+1}, \cdots\}$ 是 $VB$ 的子集合，$d_{i,j}$ 表示站点 $v_i$ 和站点 $v_j$ 的距离。如果 $v_j$ 在终点区域，$v_i$ 在起点区域，则 $d_{i,j}$ 设置为不可达。我们要找到利润最大的集合顺序，该问题的动态规划公式如下：

$$F_1(VB)=max[f_1(S)+f_1(VB-S)] \tag{5-19}$$

其中，$F_1$ 为公交路线利润的函数，$f_1$ 为子状态的公交路线利润函数。数量 $S_n$ 表示子集合的数量，即 $S_n=2^{bn-1}$。我们将子集合表示为二进制数，具体如图 5-5 所示。

| $\phi$ | {1} | {2} | {1,2} | {3} | {1,3} | {2,3} | {1,2,3} |
|---|---|---|---|---|---|---|---|
| 0 | 01 | 10 | 11 | 100 | 101 | 110 | 111 |

| {4} | {1,4} | {2,4} | {1,2,4} | {3,4} | {1,3,4} | {2,3,4} | {1,2,3,4} |
|---|---|---|---|---|---|---|---|
| 1000 | 1001 | 1010 | 1011 | 1100 | 1101 | 1110 | 1111 |

**图 5-5　DP-MinCir 算法中子集的二进制标识**

我们首先构造子集表 subset-table，将 $B$ 的所有子集用二进制标识表示，求解每个子集内的最优顺序 $f_1$（$S$）并填入 subset-table。然后将每个集合看作一个阶段，按阶段找到整体最优集合。DP-MinCir 算法步骤如表 5-5 所示。

**表 5-5　DP-MinCir 算法步骤**

| DP-MinCir 算法 | |
|---|---|
| 输入 | 起点区域和终点区域的站点集合 $B=\{v_0, v_1, \cdots, v_{bn}\}$ |
| 输出 | 定制公交站点顺序集合 $VB=\{v_0, v_1, \cdots, v_{bn}\}$ |
| 1 | 计算路网中各站点距离 $dist=\{d_{ij}\}$ |
| 2 | 设 $VB=\emptyset$ |
| 3 | 起点输入 $VB=\{v_0\}$ |
| 4 | 创建子集表 subset-table |
| 5 | For $i=1$ to $2^{bn-1}$ |
| 6 | For $j=1$ to $bn$ |
| 7 | 用二进制表示子集 $S_i$ |
| 8 | 计算 $f_1(v_j)+f_1(S_i)$ |
| 9 | 填写子集表中的值 $max\{f_1(v_j)+f_1(S_i)\}$ |
| 10 | End |
| 11 | End |
| 12 | 找出最优路径 $VB$ |
| 13 | While $B\neq\emptyset$ |

续表

| DP-MinCir 算法 | |
|---|---|
| 14 | For $j=1$ to $bn$ |
| 15 | 找到 $v_j$ 对应的子集表中最优值 $max\{f_1(v_j)+f_1(S_i)\}$ |
| 16 | End $B=B-v_j$, $VB=VB+v_j$ |
| 17 | End |
| 18 | 找到全局最优集合 $VB$ |

覆盖率 ε 的值不仅影响站点的位置、数量，而且影响上层路径优化问题中的公交利润。如果 ε 值较小，则会使服务人数减少从而影响定制公交业务的整体利润；而 ε 较大会使覆盖要求变高，站点数量增加，车辆行驶的成本和时间从而增加。我们以覆盖率 $\varepsilon=\varepsilon+0.05$ 进行遍历，找到利润最大的站点位置和车辆路线。整体的算法框架如图 5-6 所示。

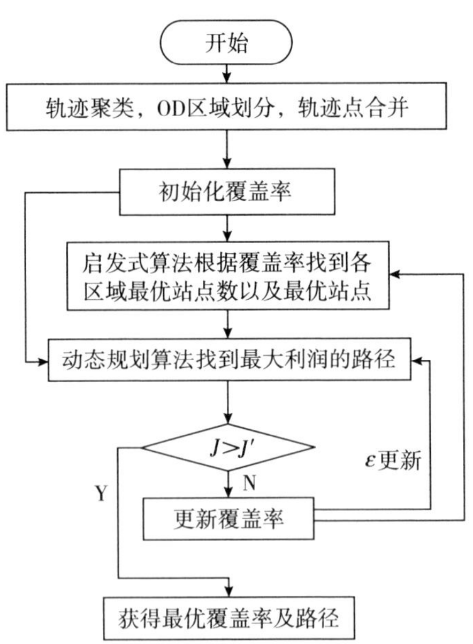


**图 5-6　定制公交路线规划算法框架**

# 5.5　数值实验

在本节中，我们通过一系列的计算实验来评估所提算法的有效性和性能。首先，我们针对真实的出租车数据集做了数据挖掘，并结合定制公交问卷调查给出了模型参数。其次，为了验证 VNS-KM 算法在本章问题中的有效性，我们将其与 K-medoids 算法和精英遗传 K-medoids 算法进行了比较，验证了该算法的性能改进。最后，对覆盖率参数进行了实验，实验结果展示了不同覆盖率参数对定制公交服务利润的影响。

## 5.5.1　数据准备及参数设置

### 5.5.1.1　数据聚类

本章使用了真实数据集，对数据进行整理以便进行算法的实验验证。根据北京市出租车 GPS 数据集，将北京市 2016 年 8 月 8 日早上 7：00~9：30 的 704 个出租车数据进行预处理，清理后，数据被重新格式化，作为实验输入。我们将清洗后的数据用 DBSCAN 算法进行聚类，聚类的结果如表 5-6 所示，表中的类在实际中是起点区域的轨迹点为 1，不是起点区域的轨迹点为 0，终点区域同理，如果该类中既有起点又有终点，则都为 1。将每个类的轨迹点进行合并，站点间距大于 500 米，合并方法如前文中的站点合并算法，整理后，轨迹点如图 5-7 所示。

**表 5-6　DBSCAN 聚类结果**

| 类 ID | 平均距离 | 起点区域 | 终点区域 |
| --- | --- | --- | --- |
| 1 | 4. 98 | 1 | 1 |
| 2 | 2. 44 | 1 | 1 |
| 3 | 5. 76 | 1 | 0 |
| 4 | 3. 09 | 1 | 0 |
| 5 | 3. 57 | 0 | 1 |
| 6 | 4. 17 | 1 | 0 |
| 7 | 4. 21 | 1 | 0 |
| 8 | 1. 83 | 1 | 0 |
| 9 | 2. 92 | 1 | 0 |

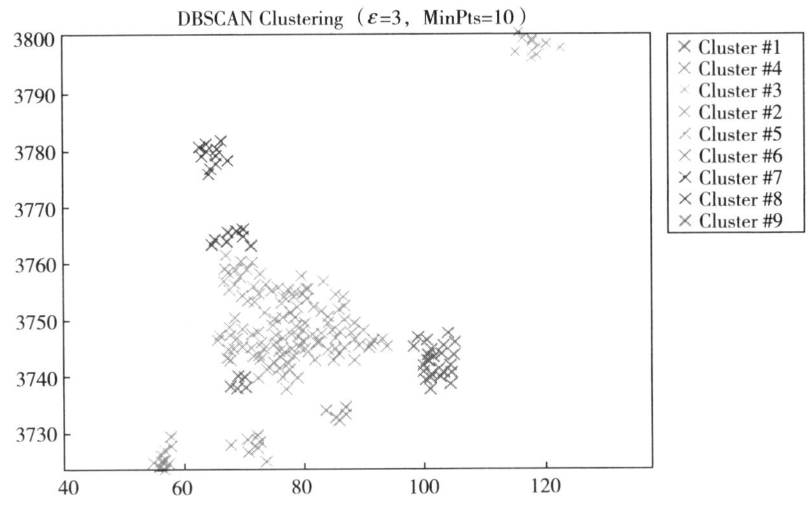


**图 5-7　出租车早高峰出行轨迹聚类结果**

为了更好地规划车辆路线，我们将既是起点区域又是终点区域的类继续划分，根据起点区域和终点区域再次对类 1 和类 2 进行划分，结果如表 5-7 所示。

表 5-7　聚类结果调整

| 类 ID | 平均距离 | 起点区域 | 终点区域 |
|---|---|---|---|
| 1 | 4.80 | 1 | 0 |
| 2 | 1.94 | 1 | 0 |
| 3 | 5.76 | 1 | 0 |
| 4 | 3.09 | 1 | 0 |
| 5 | 3.57 | 0 | 1 |
| 6 | 4.17 | 1 | 0 |
| 7 | 4.21 | 1 | 0 |
| 8 | 1.83 | 1 | 0 |
| 9 | 2.92 | 1 | 0 |
| 10 | 2.38 | 0 | 1 |
| 11 | 5.30 | 0 | 1 |

#### 5.5.1.2　参数设置

每辆车每公里的燃料成本设为 $\delta=3$（RMB/L）。设车辆 $m$ 的平均速度 $s=30$（km/h），每位乘客的费用设为 $z=12$（RMB），车站的固定等待时间 $t_{stop}=2$（s），服务覆盖率 $\varepsilon\in[0,\ 1]$。

$\beta_{1,a}$、$\beta_{2,a}$ 和 $\beta_{3,a}$ 分别是选择出行方式 $a$ 的影响因素（步行距离、出行时间和出行费用）的权重系数。出行方式为出租车 $a=0$ 和定制公交 $a=1$。

本章使用多项 Logit（MNL）模型来估计乘客在一组替代运输方式中选择定制公交的概率。在本章中，当我们估计出租车乘客转向定制公交车的概率时，这个 MNL 模型被简化为两种模式选择，即定制公交和出租车。

本章进行了一项定制公交乘车意向调查（Stated Preference，SP），该调查已被广泛用于评估新交通服务的潜在需求。调查问卷向受访者提供了假设的情景，然后要求他们根据给定的属性选择更喜欢的选项（即定制公交或出租车）。在本次调查中，我们考虑了 3 个属性，即定制公交行驶时间（$T$）、定制公交出行费用（$F$）、到最近的定制公交站点的步行距离（$WA$）。假设的属性值是根据实际的出租车行程轨迹数据生成的。例如，出租车行驶时间设置为5~50分钟，因为在真实的数据集中，超过90%的出租车出行都在这个范围内。使用分数因子设计生成SP选择场景中每个属性值的组合。表5-8说明了SP选择的一个场景。共有206名受访者，要求每位受访者在多个SP场景中选择自己喜欢的出行方式。

**表5-8 SP选择情景的一个示例**

| 出行方式 | 步行距离 | 车辆行驶时间 | 费用 | 选择 |
|---|---|---|---|---|
| 出租车 | — | 35分钟 | 40 | |
| 定制公交 | 100米 | 40分钟 | 12 | |

Logit回归结果如表5-9所示。我们将出租车作为参考。定制公交步行距离的回归系数$\beta_{1,a}=-0.149$，并且呈现出0.01水平的显著性（$z=-4.018$，$p=0.000<0.01$），意味着步行距离会对选择产生显著的负向影响。定制公交车辆行驶时间的回归系数值$\beta_{2,a}=-0.584$，并且呈现出0.01水平的显著性（$z=-2.925$，$p=0.003<0.01$），意味着车辆行驶时间会对选择产生显著的负向影响。费用的回归系数$\beta_{3,a}=-0.578$，并且呈现出0.05水平的显著性（$z=-2.547$，$p=0.011<0.05$），意味着费用会对选择产生显著的负向影响。步行距离、车辆行驶时间、费用3项均会对选择产生显著的负向影响。

### 5.5.2 VNS-KM算法的比较

在本节中，我们将VNS-KM算法、原始K-medoids算法和精英策略K-medoids算法在我们的模型中进行了性能比较。对于每个OD区域线路，本章提出的算法和比较算法分别运行20次。表5-10给出了每个实例中算法结果的最大值、最小值、均值和覆盖率。为了增加表的可读性，最优的度量值已用粗体标记。

**表 5-9　Logit 回归分析结果**

| 项 | 回归系数 | 标准差 | $z$ 值 | $p$ 值 |
|---|---|---|---|---|
| 步行距离 | -0. 149 | 0. 037 | -4. 018 | 0. 000 |
| 车辆行驶时间 | -0. 584 | 0. 200 | -2. 925 | 0. 003 |
| 费用 | -0. 578 | 0. 227 | -2. 547 | 0. 011 |
| 截距 | 44. 868 | 14. 351 | 3. 127 | 0. 002 |

**表 5-10　VNS-KM、精英策略 K-medoids 和 K-medoids 算法的实验结果对比**

| OD | VNS-KM | | | | K-medoids | | | | 精英策略 K-medoids | | | |
|---|---|---|---|---|---|---|---|---|---|---|---|---|
| $(C_i, C_j)$ | 最小值 | 最大值 | 均值 | 覆盖率 | 最小值 | 最大值 | 均值 | 覆盖率 | 最小值 | 最大值 | 均值 | 覆盖率 |
| (1, 5) | **88. 03** | **115. 52** | **101. 76** | **0. 85** | 69. 32 | 82. 95 | 76. 16 | 0. 8 | 84. 67 | 70. 62 | 77. 65 | 0. 8 |
| (1, 10) | **481. 26** | **543. 42** | **512. 35** | 0. 85 | 436. 32 | 452. 96 | 444. 65 | 0. 8 | 430. 16 | 498. 21 | 464. 18 | **0. 9** |
| (1, 11) | **112. 30** | **125. 83** | **119. 06** | 0. 8 | 96. 66 | 124. 13 | 110. 40 | **0. 9** | 105. 44 | 130. 83 | 118. 14 | 0. 75 |
| (2, 5) | **818. 40** | **848. 09** | **833. 24** | **0. 9** | 584. 17 | 703. 88 | 644. 03 | 0. 85 | 606. 00 | 791. 51 | 698. 75 | 0. 8 |
| (2, 10) | **922. 80** | **1106. 07** | **1016. 23** | **0. 9** | 751. 66 | 1001. 37 | 876. 51 | 0. 8 | 974. 79 | 1161. 66 | 1068. 23 | 0. 85 |
| (2, 11) | **803. 38** | **826. 80** | **815. 09** | **0. 9** | 571. 07 | 695. 95 | 633. 51 | 0. 85 | 652. 46 | 841. 90 | 747. 18 | 0. 8 |
| (4, 5) | **-22. 06** | **-21. 52** | **-21. 79** | 0. 85 | -28. 52 | -25. 33 | -26. 85 | 0. 85 | **-22. 06** | -22. 06 | -22. 06 | **0. 9** |
| (4, 10) | **375. 89** | **438. 52** | **407. 20** | **0. 9** | 343. 23 | 365. 11 | 358. 80 | 0. 85 | 359. 98 | 437. 61 | 398. 80 | 0. 85 |
| (4, 11) | **-14. 82** | **-14. 82** | **-14. 82** | **0. 65** | **-14. 82** | **-14. 82** | **-14. 82** | **0. 65** | **-14. 82** | **-14. 82** | **-14. 82** | **0. 65** |
| (7, 5) | **-4. 07** | **-4. 62** | **-4. 33** | 0. 85 | -8. 18 | -8. 27 | -8. 22 | 0. 85 | -4. 60 | -4. 60 | -4. 60 | 0. 9 |
| (7, 10) | **393. 17** | **455. 62** | **424. 40** | **0. 9** | 364. 93 | 391. 18 | 382. 06 | 0. 8 | 378. 13 | 454. 10 | 414. 11 | 0. 85 |
| (7, 11) | **0. 29** | **0. 37** | **0. 83** | **0. 7** | -1. 00 | -8. 37 | -4. 83 | 0. 65 | -1. 00 | -8. 37 | -4. 83 | 0. 65 |
| $(C_i, C_j)$ | 最小值 | 最大值 | 均值 | 覆盖率 | 最小值 | 最大值 | 均值 | 覆盖率 | 最小值 | 最大值 | 均值 | 覆盖率 |
| (8, 5) | **20. 74** | **21. 27** | **21. 01** | **0. 8** | **20. 74** | 20. 74 | 20. 74 | **0. 8** | **20. 74** | 20. 74 | 20. 74 | **0. 8** |
| (8, 10) | **407. 53** | **471. 76** | **439. 64** | **0. 9** | 377. 97 | 393. 13 | 381. 72 | 0. 85 | 390. 70 | 471. 84 | 431. 27 | **0. 9** |
| (8, 11) | **25. 03** | **25. 03** | **25. 03** | **0. 75** | **25. 03** | **25. 03** | **25. 03** | 0. 7 | **25. 03** | **25. 03** | **25. 03** | 0. 7 |
| (9, 5) | **18. 36** | **18. 89** | **18. 63** | **0. 85** | 15. 51 | 15. 51 | 15. 51 | **0. 8** | **18. 36** | 18. 36 | 18. 36 | **0. 85** |
| (9, 10) | 390. 98 | **471. 24** | 437. 83 | **0. 85** | 341. 1 | 377. 87 | 359. 49 | 0. 8 | **407. 53** | **471. 24** | **439. 61** | **0. 85** |
| (9, 11) | **26. 99** | **26. 99** | **26. 99** | **0. 75** | **26. 99** | **26. 99** | **26. 99** | **0. 75** | **26. 99** | **26. 99** | **26. 99** | **0. 75** |

从表 5-10 可以看出，在 18 组 OD 线路规划方案的计算中，VNS-KM 算法在最大值、最小值、均值和覆盖率方面有绝对优势，在 14 组线路中相对其他两个算法都是最优的。而精英策略 K-medoids 算法在各个指标中都优于原始的 K-medoids 算法，有 5 组线路指标值最优。

为了显示各个算法的差异，我们用相对百分比偏差（Relative Percentage Deviations，RPD）对各个算例进行测评，图 5-8 给出了比较结果。

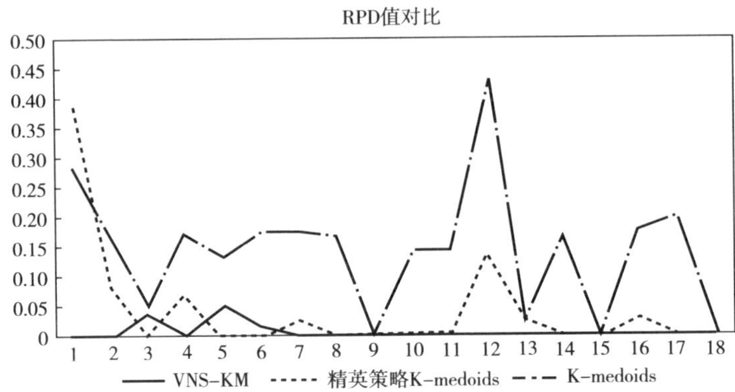


**图 5-8 VNS-KM、精英策略 K-medoids 和 K-medoids 算法的实验结果对比**

RPD 值越小，说明该算法求解质量越高。由图 5-8 可知，VNS-KM 算法在求解过程中，只有 2 个实例的 RPD 值比精英策略 K-medoids 的 RPD 值大，而剩余的 16 个实例都小于等于精英策略 K-medoids 的 RPD 值。而原始的 K-medoids 算法除了 3 个实例中的 RPD 值和 VNS-KM 算法一样外，其余 15 个实例的 RPD 值都比 VNS-KM 算法大。所以，VNS-KM 算法的求解质量最高，而精英策略 K-medoids 相比于原始的 K-medoids 算法更有优势。

### 5.5.3 参数分析

本小节分别对覆盖率参数和通勤者出行方式选择影响因素的相关参数进行灵敏度分析，得出相应的管理启示。

#### 5.5.3.1 覆盖率 $\varepsilon$

覆盖率 $\varepsilon$ 的值不仅影响着定制公交站点的位置、数量，而且影响着上层路径优化问题中的公交利润。我们对所有 OD 线路的 $\varepsilon$ 值进行分析，分析结果如图 5-9 所示。

从图 5-9 可以看出，不同 OD 线路的服务覆盖率 $\varepsilon$ 变化带来的利润影响不

同，图5-9（a）、图5-9（b）和图5-9（c）趋势类似，在0.65和0.85处利润值较高。可以看出，当服务范围小于0.65，则收入较少，导致利润少；当服务范围在0.65~0.85，成本较大，收入不足；当服务范围大于0.85，则成本过高。图5-9（d）、图5-9（e）、图5-9（f）、图5-9（h）、图5-9（k）、图5-9（n）和图5-9（q）的变化趋势图类似，车辆利润随着服务覆盖率的增加而增加，原因是区域 $C_2$ 和 $C_{10}$ 轨迹点分布相对集中，密度较大，在这种情况下，覆盖率越大，乘车的人数越多，收入相对成本的增加则更多。而图5-9（g）、图5-9（j）、图5-9（m）和图5-9（p）的变化趋势一致，服务范围只有达到0.85的时候才有较高的利润，在小于0.85之前则由于轨迹点过于分散使乘坐人数太少，没有利润甚至利润为负数。而当服务范围到0.9时则因为成本高，利润略有下降。图5-9（i）、图5-9（l）、图5-9（o）和图5-9（r）的峰值则出现在0.5~0.65和0.75处，在小于0.5或大于0.75和0.7的情况下均因为收入不足、成本较高而使利润较少。由上述分析可以看到服务覆盖率 $\varepsilon$ 对整个目标的影响是尤为重要的，受不同的轨迹点位置分布情况影响，每个车辆线路安排都应设置最优的服务覆盖率，使整个定制公交业务利润最大，实现良性循环。

5.5.3.2 步行距离参数

乘客的步行距离取决于站点位置和站点数量，式（5-17）中站点位置与站点数量的安排主要受服务覆盖范围的影响，当服务覆盖范围扩大，站点增多，站点和乘客出发地距离减小，乘客数量增多；服务覆盖范围小，站点减少，站点和乘客出发地距离增大，乘客数量减少。车辆服务覆盖范围的定义如下：

$$Cov_{v_i}^{m,n}=\begin{cases}1，乘客 n 到服务车辆 m 的站点 v_i 的距离 dis（v_i，n）\leqslant\mu\\0，其他\end{cases}$$

其中，$\mu$ 表示服务覆盖的最大距离，$\mu=0.2$，0.3，0.4，0.5，0.6，0.7，0.8（km），计算定制公交的利润值，结果如表5-11所示。

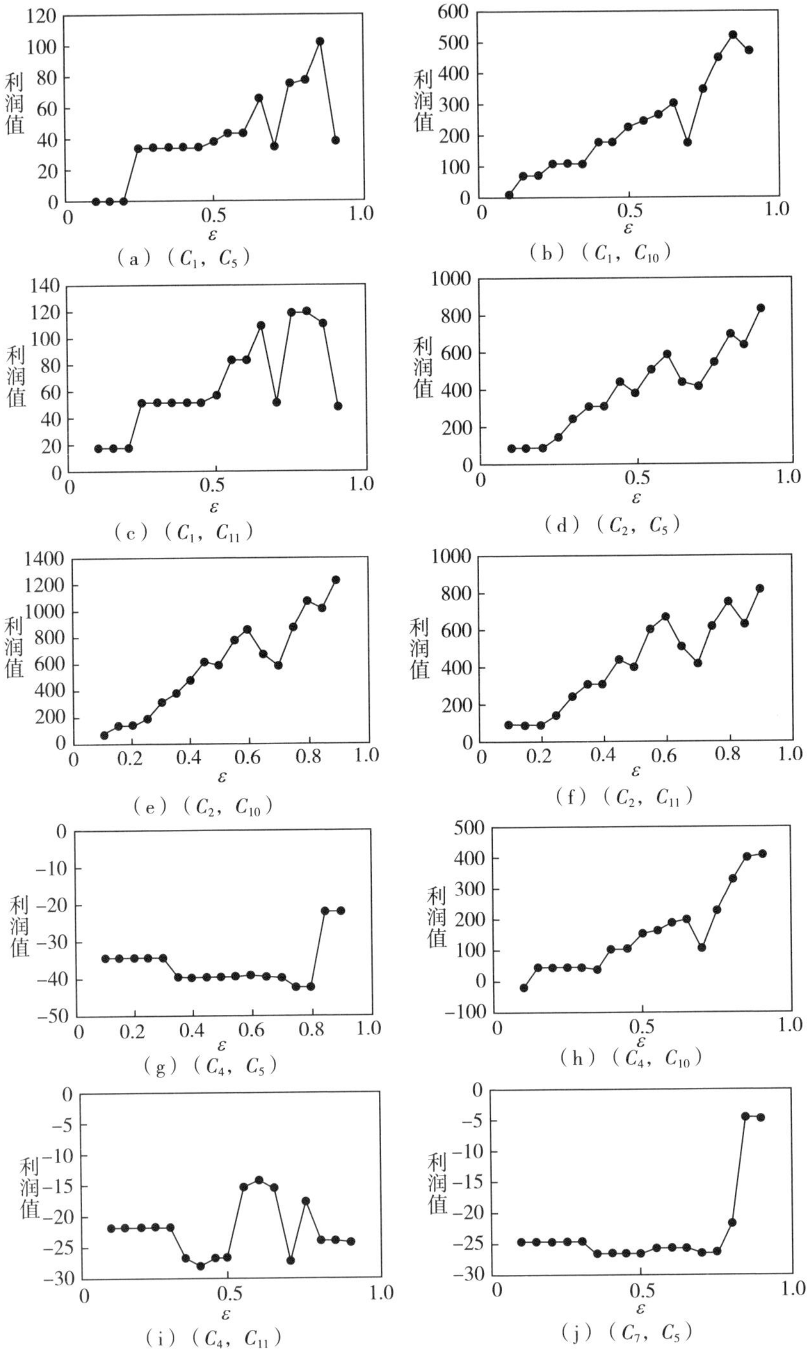

（a）（$C_1$，$C_5$）

（b）（$C_1$，$C_{10}$）

（c）（$C_1$，$C_{11}$）

（d）（$C_2$，$C_5$）

（e）（$C_2$，$C_{10}$）

（f）（$C_2$，$C_{11}$）

（g）（$C_4$，$C_5$）

（h）（$C_4$，$C_{10}$）

（i）（$C_4$，$C_{11}$）

（j）（$C_7$，$C_5$）

**图 5-9　覆盖率 $\varepsilon$ 的变化对利润值的影响**

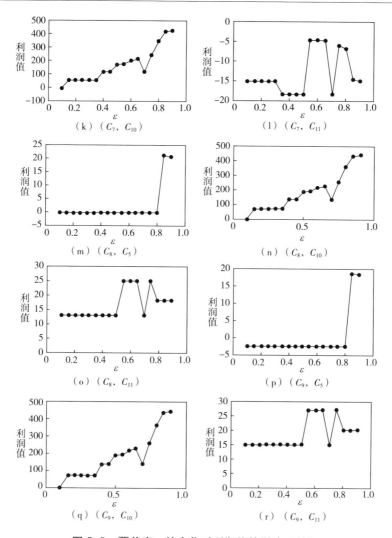

（k）（$C_7$，$C_{10}$）

（l）（$C_7$，$C_{11}$）

（m）（$C_8$，$C_5$）

（n）（$C_8$，$C_{10}$）

（o）（$C_8$，$C_{11}$）

（p）（$C_9$，$C_5$）

（q）（$C_9$，$C_{10}$）

（r）（$C_9$，$C_{11}$）

**图 5-9　覆盖率 $\varepsilon$ 的变化对利润值的影响（续）**

图 5-10 显示了服务覆盖距离系数的变化对利润值的影响，从图中可以看出，当距离系数 $\mu=0.4$ 和 $\mu=0.5$ 时，利润值最高。当 $\mu<0.4$ 时，利润值减少。这是由于步行距离短，虽然乘客增加带来了收入的增加，然而站点数量的增加同样会带来成本的增加，成本的增加大于收入的增加时，利润下降。当 $\mu>0.5$ 时，利润最低。这是由于步行距离增大，乘客减少，从而使收入减少，虽然成本值也会相应减少，但是收入减少的程度大于成本减少的程度，利润大幅降低。

表 5-11　不同步行距离系数下定制公交的利润值结果

| μ | 算例 | | | | | | | | | | | | |
|---|---|---|---|---|---|---|---|---|---|---|---|---|---|
| | (1, 5) | (1, 11) | (2, 5) | (2, 10) | (4, 5) | (4, 10) | (4, 11) | (7, 10) | (7, 11) | (8, 5) | (8, 10) | (8, 11) | (9, 10) |
| 0.2 | 88.25 | 158.65 | 163.42 | 177.45 | 243.39 | 254.85 | 359.02 | 342.77 | 438.85 | 538.16 | 431.78 | 15.34 | 425.38 |
| 0.3 | 75.33 | 124.97 | 128.35 | 152.17 | 218.42 | 228.91 | 324.86 | 317.39 | 404.83 | 497.43 | 408.67 | 3.56 | 387.41 |
| 0.4 | 92.45 | 183.23 | 172.59 | 191.34 | 273.67 | 272.87 | 371.45 | 350.57 | 446.21 | 545.12 | 453.65 | 13.63 | 422.54 |
| 0.5 | 100.15 | 154.16 | 168.21 | 217.54 | 244.32 | 280.42 | 398.33 | 357.78 | 453.76 | 553.43 | 440.12 | 25.59 | 467.54 |
| 0.6 | 65.42 | 106.19 | 100.77 | 128.29 | 181.63 | 189.82 | 308.59 | 274.42 | 357.84 | 472.56 | 351.83 | -28.27 | 325.16 |
| 0.7 | 68.33 | 108.48 | 102.32 | 131.47 | 185.25 | 193.31 | 312.46 | 278.28 | 362.75 | 479.13 | 358.72 | -24.68 | 328.53 |
| 0.8 | 71.52 | 111.64 | 105.67 | 133.24 | 189.78 | 198.25 | 320.83 | 283.51 | 368.48 | 485.82 | 365.87 | -19.52 | 328.71 |

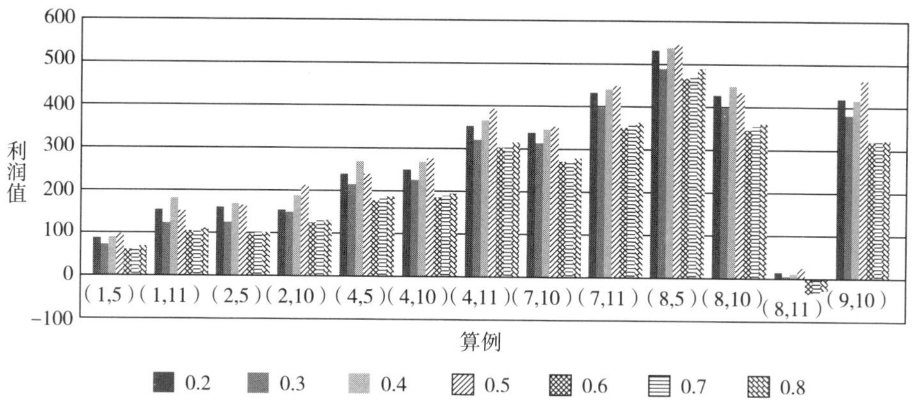


**图 5-10　不同步行距离系数下定制公交的利润值变化**

#### 5.5.3.3　通勤时间

通勤者在车辆上的时间由式（5-5）表示，主要受站点间距离、行驶速度和停站时间的影响。其中，站点间距离取决于车辆的路线安排，本章已进行了最优路线规划的研究，停站时间通常较为固定。在本小节，我们分析不同时速 $s$ 下定制公交利润值的变化。

本小节分析当时速 $s=30$，40，50，60（km/h）时，利润值的变化，结果如表 5-12 所示。由表 5-12 可以很明显地看出，在所有实验的算例中，定制公交利润值会随着速度的增加而增加，增长幅度趋于稳定。

#### 5.5.3.4　票价

在通勤者出行选择中，票价影响着通勤者选择定制公交的意愿。本小节分析票价 $R$ 的浮动对总利润的影响。我们设置 $R=8$，10，12，15，20（RMB）。需要注意的是，票价不仅影响着通勤者的选择意愿，同时也影响着公交收入。由式（5-1）可以得出车辆 $m$ 的利润为收入和成本的差值，票价的提高会降低乘客选择定制公交的概率，同时会带来业务收入的变化。不同票价情况下的定制公交平均利润如表 5-13 所示。

**表 5-12　不同行程速度下定制公交的利润值结果**

| s | 算例 | | | | | | | | | | | | |
|---|---|---|---|---|---|---|---|---|---|---|---|---|---|
| | (1, 5) | (1, 11) | (2, 5) | (2, 10) | (4, 5) | (4, 10) | (4, 11) | (7, 10) | (7, 11) | (8, 5) | (8, 10) | (8, 11) | (9, 10) |
| 30 | 100.15 | 154.16 | 168.21 | 197.54 | 244.32 | 280.42 | 382.33 | 353.78 | 449.83 | 553.43 | 440.12 | 25.59 | 437.54 |
| 40 | 101.34 | 155.41 | 169.59 | 198.32 | 245.67 | 281.86 | 383.45 | 354.04 | 450.21 | 554.12 | 441.33 | 26.37 | 438.28 |
| 50 | 102.98 | 156.73 | 170.86 | 199.18 | 246.35 | 282.19 | 384.18 | 355.22 | 451.19 | 555.25 | 442.07 | 27.16 | 439.72 |
| 60 | 104.21 | 157.92 | 171.92 | 199.92 | 247.23 | 282.83 | 385.59 | 356.18 | 452.48 | 556.56 | 442.86 | 28.04 | 440.21 |

**表 5-13　不同票价下定制公交的利润值结果**

| R | 算例 | | | | | | | | | | | | |
|---|---|---|---|---|---|---|---|---|---|---|---|---|---|
| | (1, 5) | (1, 11) | (2, 5) | (2, 10) | (4, 5) | (4, 10) | (4, 11) | (7, 10) | (7, 11) | (8, 5) | (8, 10) | (8, 11) | (9, 10) |
| 8 | 82.69 | 128.33 | 138.72 | 162.87 | 213.61 | 243.21 | 348.37 | 324.12 | 424.18 | 525.74 | 416.24 | 82.69 | 128.33 |
| 10 | 96.26 | 145.21 | 164.75 | 185.31 | 241.62 | 268.89 | 366.55 | 342.84 | 445.27 | 540.82 | 432.04 | 96.26 | 145.21 |
| 12 | 100.15 | 154.16 | 168.21 | 197.54 | 244.32 | 280.42 | 382.33 | 353.78 | 449.83 | 557.43 | 440.12 | 100.15 | 154.16 |
| 15 | 95.42 | 146.92 | 165.92 | 188.2 | 241.23 | 269.8 | 368.59 | 342.18 | 447.48 | 542.56 | 433.59 | 95.42 | 146.92 |
| 20 | 54.86 | 104.25 | 111.44 | 135.51 | 181.32 | 218.45 | 312.62 | 281.45 | 375.85 | 488.36 | 407.82 | 54.86 | 104.25 |

图 5-11 显示了不同票价下定制公交利润值的变化，由图可以看出，当票价 $R=12$ 时，在所有实验的算例中利润最高。当 $R<12$ 时，票价降低会带来乘客数量的增加，但是收入也会随之减少，总收入反而下降。当 $R>12$ 时，票价的提高会影响乘客对定制公交的选择，降低乘客乘坐意愿，从而使收入下降。由图可以看出，当 $R=20$ 时，乘客参与意愿最低，造成收入的大幅下降。

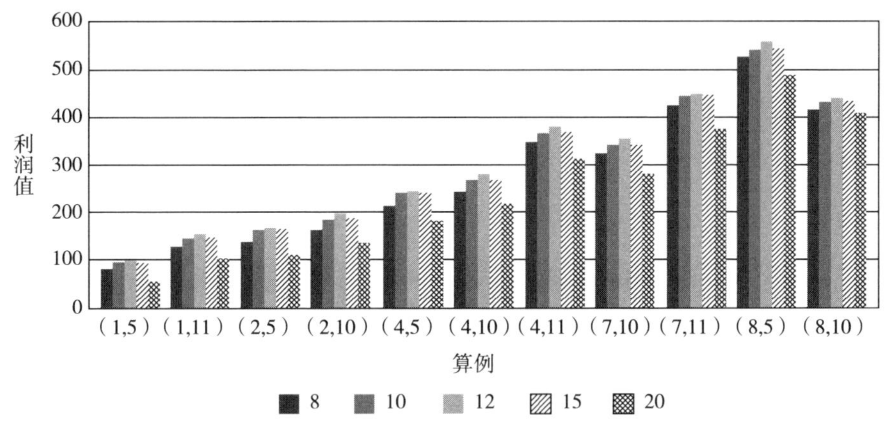


**图 5-11　不同票价下定制公交的利润值变化**

根据以上分析，对于定制公交的线路安排，将乘客步行距离控制在系数 0.5 左右，辅助公交运营的利润提升幅度最大。对于提升通勤者出行时间满意度来说，除了优化路线安排外，时速的提升能显著地提升效益。此外，在一定范围内提高费用不影响乘客出行意愿并且可以增加业务收入。

## 5.6　本章小结

在本章中，我们研究了考虑通勤者出行方式选择的定制公交站点选择和路径优化问题。在数据准备阶段，运用 DBSCAN 聚类算法对出行轨迹进行聚类，提出一个合并站点算法，对聚类结果进行进一步处理，获得合适的 OD 区域。在建模求解阶段，首先，提出了一个双层整数规划模型，模型考虑通勤者选择定制公交的概率，以最大化定制公交利润为目标。其次，设计了一个动态规划算法 DP-MinCir 来解决车辆最优路径的上层问题。再次，提出了一个启发式算法 VNS-KM 来解决站点数量和乘客步行距离均衡的下层最优站点问题，通过上下层的迭代优化，获得了每个 OD 对的最佳车辆线路及每条线路各个站点的最佳服务覆盖率 ε。最后，对北京市通勤者做了定制公交乘车意愿的 SP 调查，利用多元 Logit 回归模型的分析结果，结合真实出租车数据进行实验分析，实验结果显示 VNS-KM 算法相对精英策略的 K-medoids 算法和原始 K-medoids 算法，求解的质量更高。此外，我们还在实验中分析了各个线路中服务覆盖率 ε 的变化对利润的影响，有助于定制公交企业科学决策，推进辅助公交系统发展。

# 第6章　总结与展望

本章首先对本书的研究工作做了系统性总结，其次总结了本书研究得出的一些管理启示，最后分析了辅助公交运营优化问题未来的研究方向以及应用方向。

## 6.1　总结

本书系统地研究了考虑通勤者行为的辅助公交优化问题，研究内容涵盖了三类辅助公交通勤方式：小汽车拼车、公司通勤班车和定制公交。考虑了诸如有限理性、需求变化和行驶时间不确定的通勤者行为因素，以及在这些影响因素下的车辆匹配、站点设置、路径规划的优化方案。本书对不同的优化问题进行深入研究，建立考虑多方因素的数学模型，并有针对性地提出了最优算法、启发式算法、改进的元启发式算法，进行了算例计算和参数分析。本书主要开展的研究工作和取得的成果如下：

（1）研究了考虑有限理性通勤者出行方式选择的小汽车拼车匹配和路径优化问题。首先，同时考虑车辆成本和乘客服务质量，建立了一个基于累积前景理论的多目标优化模型，根据通勤乘客选择出行方式的重要影响因素，分析通勤者感知价值的变化，建立通勤者出行方式选择和车辆路径优化方案之间的联系。其次，针对多目标模型，设计了一个 FNDS-$G_{ps}$ 算法在小规模算例中求解最优的车辆匹配和路线规划；基于该问题的 NP-hard 性质，提出一个混合的 VNS-NSGAII 算法解决大规模的算例。最后，针对 2012 年北京出租车的轨迹数据，设计了一个小规模算例进行实验，实验结果证明本书提出的 FNDS-$G_{ps}$ 算法优于 NSGAII、MOCELL、SPEA2 和 MOPSO 算法；以数据集为基础设计了一个大规模算例的实验，结果证明了设计的 VNS-NSGAII 算法优于 NSGAII、MOCELL、SPEA2 和 MOPSO 算法。

（2）研究了考虑通勤者需求变化和车辆行程时间随机的通勤班车路径优化问题。针对一个公司内部的通勤班车服务问题，分析了通勤班车的特征，设计优化框架。在数据准备阶段，提出了一种改进的 FCM 聚类算法，通过改进的编码和增加的邻域搜索得到更合适这个优化问题的聚类。在问题优化阶段，首先分析了通勤班车的特征，建立了一个站点选择和路径规划的协同优化模型，模型的目标函数为最大化整体通勤服务的利润，在模型中考虑了不确定的行驶时间和通勤需求，其中不确定的通勤需求受通勤者位置到站点位置距离的影响。其次，针对问题求解，设计了一个启发式随机动态规划算法 H-SDP 解决最优站点选择的子问题。同时，设计了一种改进的 VNS 算法来获得最优路径。在实验阶段，采用了北京某公司实际员工住所数据集，对提出的改进的 FCM 算法和原始 FCM 算法做了对比，实验结果证明，改进的 FCM 算法更优，且在大规模实例中的效果更好。针对提出的改进的 VNS 算法，与 GA、SA、ACO 元启发式算法进行对比，实验结果表明，改进的 VNS 算法在解决本书研究的问题上更有优势。

（3）研究了考虑通勤者出行方式选择的定制公交站点选择和路径优化问题。在数据准备阶段，对北京市出租车轨迹数据进行深入发掘，运用轨迹聚类算法 DBSCAN 提取出通勤者 OD 区域。在问题优化阶段，提出了一个双层整数规划模型，以最大化定制公交利润为目标。在上层模型中，问题决策变量为定制公交车辆路线，考虑通勤者对定制公交通勤方式的选择概率进行问题建模，其中，在乘客选择定制公交的概率模型中引入多元逻辑回归模型（MNL），在考虑费用、时间、步行距离的因素下建立乘客选择模型。在下层模型中，解决最佳站点选择子问题，建立同时考虑最小步行距离和最大服务范围的双目标优化模型，并使用 $\varepsilon$ 约束方法将双目标转化为单目标问题。提出了一个启发式算法 VNS-KM，解决下层模型的最佳站点选择问题，算法可以逐步迭代调整服务覆盖参数 $\varepsilon$ 找到最佳站点；在解决上层的路线规划问题中，设计了一个动态规划算法 DP-MinCir，获得使定制公交利润最大化的最优路线规划和最佳服务覆盖率。对北京市的通勤者做了关于定制公交乘车意愿的 SP 调查，对调查结果做了 MNL 回归分析，结合北京的出租车数据进行了算法验证，结果表明，与 K-medoids 算法和精英策略 K-medoids 算法相比，本书提出的 VNS-KM 算法可以得到更优的定制公交线路方案。此外，还分析了每条线路服务覆盖率 $\varepsilon$ 的变化结果，观察每条线路中利润最大的服务覆盖率值，可以对定制公交业务的实际运营过程提供决策支持，有助于定制公交业务良性发展。

## 6.2 管理启示

本书针对小汽车拼车、公司通勤班车和定制公交三种辅助公交模式，建立车辆路径优化模型，给出优化的路线安排解决方案，旨在提高通勤者参与度，增加企业利润。此外，基于三种辅助公交路径优化模型，分别对各模型中的通勤者出行方式选择影响因素敏感度进行分析，得出了相应的管理启示，为辅助公交运营企业提供决策支持，促进辅助公交系统的发展。

针对小汽车拼车的辅助公交模式，研究旨在提供优化的拼车匹配和路线规划解决方案，能够在一定时期提高乘客参与度，平衡业务成本。基于模型的建立和参数的灵敏度分析可以得出，拼车通勤者的出行时间满意度提升不仅在于拼车通勤时间的缩短，更在于优质的拼车匹配和路线规划。拼车业务的利润整体会随着拼车乘客费用的升高而降低，因此，适当地加大折扣力度是提高乘客积极性、提升利润的一种有力途径。同时，适当地增加服务车辆数量、减少同一辆车的乘车人数，对一段时期内提高拼车用户的黏度、扩大拼车市场有很大帮助。

针对公司通勤班车的辅助公交模式，提升乘客参与度，从而提升业务利润的重要途径是进行合理的站点布置和线路安排。站点的布置不仅影响着车辆行驶时间，还影响着乘客的步行距离，通过步行距离参数和行驶时间不确定参数的敏感度分析可以得出，将乘客步行距离控制在0.5（km）范围左右，通勤班车利润提升幅度最大；通勤班车利润会随着车辆行驶时间的不确定性增加而下降，保证时速的稳定性对于提升乘客参与度、提高业务利润有促进作用。

针对定制公交的辅助公交模式，挖掘出具有吸引潜力的线路，设计体验度好、利润高的定制公交线路，提高企业在通勤市场中的竞争力是本书研究的主要目的。对定制公交的站点布置，通过建立模型和进行灵敏度分析，同样得到了将乘客步行距离控制在系数 0.5 左右，定制公交利润提升幅度最大的结论。对于提升定制公交通勤时间满意度，除了优化车辆路线外，时速的提升能显著地提升定制公交效益。此外，在一定范围内提高定制公交的费用对降低乘客选择意愿的影响较小，并且可以提升业务收入。

## 6.3　未来展望

辅助公交出行方式的推广有助于缓解交通压力、提高通勤效率，是通勤者、企业和社会多方共赢的模式。目前，我国辅助公交出行服务仍处在探索与发展阶段，在实际运营中存在许多问题，解决辅助公交优化问题势在必行。本书从行为运筹的角度考虑了在通勤者需求变化下辅助公交系统优化的问题，如小型汽车拼车业务中考虑通勤者有限理性的选择行为、公司通勤班车业务中考虑不确定的通勤者需求、定制公交业务中考虑吸引通勤者选择的路线安排。这些研究为辅助公交系统的运营优化提供了更加实际的决策支持，具有一定的创造性和现实意义。遵循本书的研究背景和研究思路，仍有以下问题值得深入研究：

（1）通勤者作为辅助公交系统的主要客户群体，具有异质特性。每个不同的通勤者偏好不同，对待风险的态度也不同，具有异质性的通勤者对于通勤方式的选择也会存在不同标准。考虑不同通勤者的偏好和特征，制定更具有人性化的智能辅助公交系统，是未来提高服务质量、增加业务竞争力的关键。因此，结合智能化的信息发展方向，深入挖掘用户需求，建立符合实际情况的数学优化模型，为辅助公交系统中的各种服务方式提供更有意义的决策支持是未来发展的方向。

（2）实时动态的交通需求是移动互联网时代的新趋势。动态的交通服务方式是辅助公交运营优化中的重要方面。随着智能手机的普及，乘客对实时定制服务有很大的需求。快速的响应时间、优化的行驶路线以及合理的费用对通勤者及广大乘客具有较大的吸引力。在动态的车辆路径规划中考虑通勤者的行为和需求，使辅助公交系统更加智能化，是未来发展的方向，因此，需要从通勤者的行为特性入手，深入思考动态的辅助公交交通服务优化问题。

（3）具有吸引力的激励机制是促进辅助公交服务发展的关键。同时考虑通勤者和企业的激励，制定合理的定价策略，对交通服务行业的发展尤为重要。合理把握乘客、司机与企业之间的关系，建立良好的激励机制来提高司机的积极性，保证业务的整体利润来促进企业的积极性，制定具有吸引力的定价策略来增加乘客的积极性，三方达到合作共赢是辅助公交服务领域非常具有挑战性且意义深远的研究课题。

（4）基于实际问题设计更有效的算法。本书的研究成果可以为辅助公交系统提供决策支持，使通勤者和企业都可以从中获益。本书所提出的一些启发式算法具有较强的可拓展性。在未来的研究中，需要针对复杂的现实环境，构建在不同的情形下更为有效的启发式算法结构。同时，也需要在一些特殊情况下，探索精确算法的可能性，提高算法的准确度。

# 参考文献

[1] Abbass H. A., Sarker R., Newton C. PDE: A Pareto-Frontier Differential Evolution Approach for Multi-Objective Optimization Problems [EB/OL]. https://ieeexplore.ieee.org.

[2] Afshar A., Sharifi F., Jalali M. R. Non-Dominated Archiving Multi-Colony Ant Algorithm for Multi-Objective Optimization: Application to Multi-Purpose Reservoir Operation [J]. Engineering Optimization, 2009, 41 (4): 313-325.

[3] Agatz N., Erera A., Savelsbergh M., Xing W. Dynamic Ride-Sharing: A simulation Sstudy in Metro Atlanta [J]. Transportation Research Part B: Methodological, 2011, 45 (9): 1450-1464.

[4] Agatz N., Erera A., Savelsbergh M., Xing W. Optimization for Dynamic Ride-Sharing: A Review [J]. European Journal of Operational Research, 2012, 223 (2): 295-303.

[5] Aghaei J., Amjady N., Shayanfar H. A. Multi-Objective Electricity Market Clearing Considering Dynamic Security by Lexicographic Optimization and

Augmented Epsilon Constraint Method [J]. Applied Soft Computing, 2011, 11 (4): 3846-3858.

[6] Araque J. R., Kudva G., Morin T. L., et al. A Branch and Cut Algorithm for the Vehicle Routing Problem [J]. Annals of Operations Research, 1994 (50): 37-59.

[7] Avineri E., Prashker J. Sensitivity to Travel Time Variability: Traveler' s Learning Perspective [J]. Transportation Research Part C: Emerging Technologies, 2005, 13 (2): 157-183.

[8] Avineri E., Prashker J. Sensitivity to Uncertainty: Need for a Paradigm Shift [J]. Transportation Research Record Journal of the Transportation Research Board, 2003 (1854): 90-98.

[9] Babaei M., Rajabi-Bahaabadi M. School Bus Routing and Scheduling with Stochastic Time-Dependent Travel Times Considering On-Time Arrival Reliability [J]. Computers & Industrial Engineering, 2019 (138): 106125.

[10] Bai L., Liang J., Dang C., et al. A Novel Fuzzy Clustering Algorithm with Between-Cluster Information for Categorical Data [J]. Fuzzy Sets & Systems, 2013, 215 (3): 55-73.

[11] Baldacci R., Maniezzo V., Mingozzi A. An Exact Method for the Car-Pooling Problem based on Lagrangean Column Generation [J]. Operations Research, 2004, 52 (3): 422-439.

[12] Bastani F., Huang Y., Xie X., Powell J. W. A Greener Transportation Mode: Flexible Routes Discovery from GPS Trajectory Data [EB/OL]. https: //www. researchgate. net.

[13] Ben M. I., Klibi W., Labarthe O., et al. Modelling and Solution Ap-

proaches for the Interconnected City Logistics [J]. International Journal of Production Research, 2017, 55 (9): 2664-2684.

[14] Bent R., Hentenryck P. A. A Two-Stage Hybrid Algorithm for Pick-up and Delivery Vehicle Routing Problems with Time Windows [J]. Computers & Operations Research, 2006, 33 (4): 875-893.

[15] Berhan E., Beshah B., Kitaw D. Stochastic Vehicle Routing Problem: A Literature Survey [J]. Journal of Information & Knowledge Management, 2014, 13 (3): 1-12.

[16] Caceres H., Batta R., He Q. School Bus Routing with Stochastic Demand and Duration Constraints [EB/OL]. https://doi.org/10.1287/trsc.2016.0721.

[17] Campbell M. A., Gendreau M. T. W. B., Thomas B. W. The Orienteering Problem with Stochastic Travel and Service Times [J]. Annals of Operations Research, 2011 (186): 61-81.

[18] Cancela H., Mauttone A., Urquhart M. E. Mathematical Programming Formulations for Transit Network Design-ScienceDirect [J]. Transportation Research Part B: Methodological, 2015 (77): 17-37.

[19] Catay B. Ant Colony Optimization and Its Application to the Vehicle Routing Problem with Pickups and Deliveries [EB/OL]. https://link.springer.com/chapter/10.1007/978-3-642-04039-9-9.

[20] Ceder A., Butcher M., Wang L. Optimization of Bus Stop Placement for Routes on Uneven Topography [J]. Transportation Research Part B: Methodological, 2015, 74 (4): 40-61.

[21] Chang M. S. A Vehicle Routing Problem with Time Windows and Stochastic

Demands [J] . Journal of the Chinese Institute of Engineers, 2005 (28): 783-794.

[22] Chen C. , Zhang D. , Li N. , et al. B-Planner: Planning Bidirectional Night Bus Routes Using Large-Scale Taxi GPS Traces [J] . IEEE Transactions on Intelligent Transportation Systems, 2014, 15 (4): 1451-1465.

[23] Cherkesly M. , Desaulniers G. , Laporte G. A Population-Based Metaheuristic for the Pick-up and Delivery Problem with Time Windows and Lifo Loading [J] . Computer Operational Research, 2015 (62): 23-35.

[24] Chiou S. Y. , Chen Y. C. A Mobile, Dynamic, and Privacy-Preserving Matching System for Car and Taxi Pools [J] . Mathematical Problems in Engineering, 2014 (31): 1-10.

[25] Cipriani E. , Gori S. , Petrelli M. Transit Network Design: A Procedure and an Application to a Large Urban Area [J] . Transportation Research Part C: Emerging Technologies, 2010, 20 (1): 3-14.

[26] Cisnerossaldana J. I. , Hosseinian S. , Butenko S. Network-Based Optimization Techniques for Wind Farm Location Decisions [J] . Frontiers of Engineering Management, 2018, 5 (4): 533-540.

[27] Coello C. , Lng D. , Lechuga M. S. MOPSO: A Proposal for Multiple Objective Particle Swarm Optimization [J] . In Proceedings of the 2002 Congress on Evolutionary Computation, 2002 (2): 1051-1056.

[28] Connors R. D. , Sumalee A. A Network Equilibrium Model with Travellers' Perception of Stochastic Travel Times [J] . Transportation Research Part B: Methodological, 2009, 43 (6): 614-624.

[29] Cordeau J. F. A Branch-and-Cut Algorithm for the Dial-a-Ride Problem [J] . Operations Research, 2006, 54 (3): 573-586.

[30] Cordeau J. F., Laporte G. A Tabu Search Heuristic for the Static Multi-Vehicle Dial-a-Ride Problem [J]. Transportation Research Part B: Methodological, 2003, 37 (6): 579-594.

[31] Crainic T. G., Nguyen P. K., Toulouse M. Synchronized Multi-Trip Multi-Traffic Pickup & Delivery in City Logistics [J]. Transportation Research Procedia, 2016 (12): 26-39.

[32] Créno L. User Experience of Dynamic Carpooling: How to Encourage Drivers and Passengers? [M] //Energy consumption and Autonomous Dribing Paris: Springer, 2016.

[33] Deb K. Multi-Objective Evolutionary Optimization: Past, Present, and Future. In Evolutionary Design and Manufacture [M]. London: Springer, 2000.

[34] Dell'Orco M., Circella G., Sassanelli D. A Hybrid Approach to Combine Fuzziness and Randomness in Travel Choice Prediction [J]. European Journal of Operational Research, 2008, 185 (2): 648-658.

[35] Diana M., Dessouky M. M. A New Regret Insertion Heuristic for Solving Large-Scale Dial-a-Ride Problems with Time Windows [J]. Transportation Research Part B: Methodological, 2004, 38 (6): 539-557.

[36] Dimitrakopoulos G., Demestichas P., Koutra V. Intelligent Management Functionality for Improving Transportation Efficiency by Means of the Car-Pooling Concept [J]. IEEE Transactions on Intelligent Transportation Systems, 2011, 13 (2): 424-436.

[37] Dimitrijevic D., Nedi N., Dimitrieski V. Real-Time Carpooling and Ride-Sharing: Position Paper on Design Concepts, Distribution and Cloud Computing Strategies [EB/OL]. https: //ieeexplore. ieee. org/document/6644098.

［38］ Dixit A.，Bora S.，Chemate S.，et al. Real-Time Carpooling System for Android Platform ［J］. International Journal of Engineering and Innovative Technology, 2012, 2 (6): 436-437.

［39］ Dolati N.，Parisa, Karine E. S.，et al. Systematic Literature Review on City Logistics: Overview, Classification and Analysis ［J］. International Journal of Production Research, 2019, 57 (3): 865-887.

［40］ Dolatnezhadsomarin A.，Khorram E. Two Efficient Algorithms for Constructing Almost Even Approximations of the Pareto Front in Multi-Objective Optimization Problems ［J］. Engineering Optimization, 2018, 51 (4): 1-23.

［41］ Ehmke J. F.，Campbell A. M.，Urban T. L. Ensuring Service Levels in Routing Problems with Time Windows and Stochastic Travel Times ［J］. European Journal of Operational Research, 2015, 240 (2): 539-550.

［42］ Elhossini A.，Areibi S.，Dony R. Strength Pareto Particle Swarm Optimization and Hybrid EA-PSO for Multi-Objective Optimization ［J］. Evolutionary Computation, 2014, 18 (1): 127-156.

［43］ Ellegood W. A.，Solomon S.，North J.，Campbell J. F. School Bus Routing Problem: Contemporary Trends and Research Directions ［J］. Omega, 2019 (95): 102056.

［44］ Erev I.，Barron G. On adaptation, Maximization, and Reinforcement Learning among Cognitive Strategies ［J］. Psychological Review, 2005, 112 (4): 912-931.

［45］ Errico F.，Desaulniers G.，Gendreau M.，et al. A Prior Optimization with Resource for Vehicle Routing Problem with Hard Time Windows and Stochastic Service Time ［J］. European Journal of Operation Research, 2016, 249 (1):

55-66.

［46］ Euchi J., Mraihi R. The Urban Bus Routing Problem in the Tunisian Case by the Hybrid Artificial Ant Colony Algorithm ［J］. Swarm and Evolutionary Computation, 2012 (2): 15-24.

［47］ Frutos M., Olivera A. C., Tohme F. A Memetic Algorithm Based on a NSGAII Scheme for the Flexible Job-Shop Scheduling Problem ［J］. Annals of Operations Research, 2010 (181): 745-765.

［48］ Furuhata M., Dessouky M., Ordóñez F., et al. Ridesharing: The State-of-the-Art and Future Directions ［J］. Transportation Research Part B: Methodological, 2013 (57): 28-46.

［49］ Galdi M., Thebpanya P. Optimizing School Bus Stop Placement in Howard County, Maryland: A Gis-Based Heuristic Approach ［J］. International Journal of Applied Geospatial Research, 2016, 7 (1): 30-44.

［50］ Gao S., Frejinger E., Akiva M. B. Adaptive Route Choices in Risky Traffic Networks: A Prospect Theory Approach ［J］. Transportation Research Part C: Emerging Technologies, 2010, 18 (5): 727-740.

［51］ Gao X., Lee G. M. Moment-Based Rental Prediction for Bicycle-Sharing Transportation Systems Using a Hybrid Genetic Algorithm and Machine Learning ［J］. Computers & Industrial Engineering, 2019 (128): 60-69.

［52］ Gholamhosein S., Surojit C., Aidong Z. WaveCluster: A Multi-Resolution Clustering Approach for Very Large Spatial Databases ［EB/OL］. https://dl.acm.org.

［53］ Gianessi P., Alfandari L., Létocart L., et al. The Multicommodity-Ring Location Routing Problem ［J］. Transportation Science, 2015, 50 (2):

541-558.

[54] Glover F., Hanafi S., Guemri O., et al. A Simple Multi-Wave Algorithm for the Uncapacitated Facility Location Problem [J]. Frontiers of Engineering Management, 2018, 5 (4): 451-465.

[55] Goodson J. C., Ohlmann J. W., Thomas B. W. Cyclic-Order Neighborhoods with Application to the Vehicle Routing Problem with Stochastic Demand [J]. European Journal of Operational Research, 2012, 217 (2): 312-323.

[56] Groß D. R. P., Hamacher H. W., Horn S., Schöbel A. Stop Location Design in Public Transportation Networks: Covering and Accessibility Objectives [J]. Top, 2009, 17 (2): 335-346.

[57] Guasch A., et al. Simulation Analysis of a Dynamic Ridesharing Model [EB/OL]. https://ieeexplore.ieee.org/document/7020043.

[58] Guha S., Rastogi R., Shim K. CURE: An Efficient Clustering Algorithm for Large Databases [J]. Information Systems, 1998, 26 (1): 35-58.

[59] Haimes Y. Y., Lasdon L. S., Wismer D. A. On a Bicriterion Gormulation of the Problems of Integrated System Identification and System Optimization [J]. IEEE Transactions on Systems Man and Cybernetics, 1971, 1 (3): 296-297.

[60] Hanley N., Mourato S., Wright R. E. Choice Modelling Approaches: A Superior Alternative for Environmental Valuatioin? [J]. Journal of Economic Surveys, 2001, 15 (3): 435-462.

[61] Herbawi W., Weber M. The Ride-Matching Problem with Time Windows in Dynamic Ridesharing: A Model and a Genetic Algorithm [EB/OL]. https://ieeexplore.ieee.org/document/6253001.

[62] Hinneburg A., Keim D. A. An Efficient Approach to Clustering in

Large Multimedia Databases with Noise [J]. Knowledge Discovery & Data Mining, 1998, 8 (27): 58-65.

[63] Huang C., Burris M., Shaw W. D. Models of Transportation Choice with Risk: An Application to Managed Lanes [J]. Transportaion Letter, 2017, 9 (5): 276-295.

[64] Huang D., Gu Y., Wang S., et al. Two-Phase Optimization Model for the Demand-Responsive Customized Bus Network Design [J]. Transportation Research Part C: Emerging Technologies, 2020 (111): 1-21.

[65] Huang Y., Shi C., Lei Z., et al. A Study on Carbon Reduction in the Vehicle Routing Problem with Simultaneous Pickups and Deliveries [EB/OL]. https://ieeexplore.ieee.org/document/6273551.

[66] Häme L. An Adaptive Insertion Algorithm for the Single-Vehicle Dial-a-Ride Problem with Narrow Time Windows [J]. European Journal of Operational Research, 2011, 209 (1): 11-22.

[67] Jamshidi A., Jamshidi F., Ait-Kadi D., et al. A Review of Priority Criteria and Decision-Making Methods Applied in Selection of Sustainable City Logistics Initiatives and Collaboration Partners [J]. International Journal of Production Research, 2019 (57): 15-16.

[68] Jarboui B., Eddaly M., Siarry P. A Hybrid Genetic Algorithm for Solving No-Wait Flowshop Scheduling Problems [J]. International Journal of Advanced Manufacturing Technology, 2011, 54 (9-12): 1129-1143.

[69] Jou R. C., Chen K. H. An Application of Cumulative Prospect Theory to Freeway Drivers' Route Choice Behaviours [J]. Transportation Research Part A: Policy and Practice, 2013, 49 (3): 123-131.

[70] Jou R. C., Kitamura R., Weng M. C., et al. Dynamic Commuter Departure Time Choice under Uncertainty [J]. Transportation Research Part A: Policy and Practice, 2008, 42 (5): 774-783.

[71] Kahneman D., Tversky A. Prospect Theory: An Analysis of Decision under Risk [J]. Social Science Electronic Publishing, 1979, 47 (2): 263-291.

[72] Kannan S., Baskar S., McCalley J. D., Murugan P. Application of NSGAII Algorithm to Generation Expansion Planning [J]. IEEE Transactions on Power Systems, 2008, 24 (1): 454-461.

[73] Kar M. B., Kundu P., Kar S., Pal T. A Multi-Objective Multi-Item Solid Transportation Problem with Vehicle Cost, Volume and Weight Capacity under Fuzzy Environment [J]. Journal of Intelligent & Fuzzy Systems, 2018, 35 (2): 1991-1999.

[74] Kieu L. M., Bhaskar A., Chung E. A Modified Density-Based Scanning Algorithm with Noise for Spatial Travel Pattern Analysis from Smart Card AFC Data [J]. Transportation Research Part C: Emerging Technologies, 2015, 58 (9): 193-207.

[75] Kieu L. M., Bhaskar A., Chung E. Passenger Segmentation Using Smart Card Data [J]. IEEE Transactions on Intelligent Transportation Systems, 2015, 16 (3): 1537-1548.

[76] Lau C. H., Liang Z. Pickup and Delivery with time Windows: Algorithms and Test Case Generation [J]. International Journal on Artificial Intelligence Tools, 2002, 11 (3): 455-472.

[77] Le-Anh T., Koster R. B. M. D., Yu Y. Performance Evaluation of Dynamic Scheduling Approaches in Vehicle-Based Internal Transport Systems [J]. International Journal of Production Research, 2010, 48 (24): 7219-7242.

[78] Letchford A. N., Eglese R. W., Lysgaard J. Multistars, Partial Multistars and the Capacitated Vehicle Routing Problem [J]. Mathemational Programming, 2002, 94 (1): 21-40.

[79] Li Y., Luo J., Chow C. Y., et al. Growing the Charging Station Network for Electric Vehicles with Trajectory Data Analytics [EB/OL]. https://ieeexplore.ieee.org.

[80] Lin C. H., Jiau M. K., Huang S. C. A Cloud-Computing Framework for Real-Time Carpooling Services [EB/OL]. https://ieeexplore.ieee.org/document/6528639.

[81] Lin C. K. Y. A Vehicle Routing Problem with Pickup and Delivery Time Windows, and Coordination of Transportable Resources [J]. Computers & Operations Research, 2011, 38 (11): 1596-1609.

[82] Liu D., Lam W. H. K. Modeling the Effects of Population Density on Prospect Theory-Based Travel Mode-Choice Equilibrium [J]. Journal of Intelligent Transportation Systems, 2014, 18 (1-4): 379-392.

[83] Liu H. X., Recker W., Chen A. Uncovering the Contribution of Travel Time Reliability to Dynamic Choice Using Real-Time Loop Data [J]. Transportation Research A: Policy and Practice, 2004, 38 (6): 435-453.

[84] Liu T., Ceder A. A. Analysis of a New Public-Transport-Service Concept: Customized Bus in China [J]. Transport Policy, 2015, 39 (1): 63-76.

[85] Liu X., Lu S., Pei J., et al. A hybrid VNS-HS Algorithm for a Supply Chain Scheduling Problem with Deteriorating Jobs [J]. International Journal of Production Research, 2018, 56 (17): 5758-5775.

[86] Long J. C., Tan W. M., Szeto W. Y., Li Y. Ride-Sharing with

Travel Time Uncertainty - ScienceDirect [J]. Transportation Research Part B: Methodological, 2018 (118): 143-171.

[87] Long Y., Thill J. C. Combining Smart Card Data and Household Travel Survey to Analyze Jobs-Housing Relationships in Beijing [J]. Computers, Environment and Urban Systems, 2015 (53): 19-35.

[88] Lu Q., Dessouky M. An Exact Algorithm for the Multiple Vehicle Pick-up and Delivery Problem [J]. Transportation Science, 2004 (38): 503-514.

[89] Lyu Y., Chow C. Y., Lee V. C. S., et al. CB-Planner: A Bus Line Planning Framework for Customized Bus Systems [J]. Transportation Research Part C: Emerging Technologies, 2019 (101): 233-253.

[90] Lücken C. V., Barán B., Brizuela C. A Survey on Multi-Objective Evolutionary Algorithms for Many-Objective Problems [J]. Computational Optimization & Applications, 2014 (58): 707-756.

[91] Ma X., Wu Y. J., Wang Y., et al. Mining Smart Card Data for Transit Riders' Travel Patterns [J]. Transportation Research Part C: Emerging Technologies, 2013, 36 (11): 1-12.

[92] Macqueen J. B. Some Methods for Classification and Analysis of Multivariate Observations [J]. University of California Press, 1967, 1 (14): 281-297.

[93] Madsen O., Ravn H. F., Rygaard J. M. A Heuristic Algorithm for a Dial-a-Ride Problem with Time Windows, Multiple Capacities, and Multiple Objectives [J]. Annals of Operations Research, 1995, 60 (1): 193-208.

[94] Maharaj E. A., D'Urso P. Fuzzy Clustering of Time Series in the Frequency Domain [J]. Information Sciences, 2011, 181 (7): 1187-1211.

[95] Mahmoudi M., Zhou X. Finding Optimal Solutions for Vehicle Routing

Problem with Pickup and Delivery Services with Time Windows: A Dynamic Programming Approach based on State－Spac－Time Network Representations [J]. Transportation Research Part B Methodological, 2016 (89): 19-42.

[96] Majumder S., Kar M. B., Kar S., Pal T. Uncertain Programming Models for Multi-Objective Shortest Path Problem with Uncertain Parameters [J]. Soft Computing, 2019 (11): 1-22.

[97] Manzini R., Pareschi A. A Decision-Support System for the Car-Pooling Problem [J]. Journal of Transportation Technologies, 2012, 2 (2): 85.

[98] Masoud N., Lloret-Batlle R., Jayakrishnan R. Using Bilateral Trading to Increase Ridership and User Permanence in Ridesharing Systems [J]. Transportation Research Part E: Logistics & Transportation Review, 2017, 102 (6): 60-77.

[99] Masson R., Lehuédé F, Péton O. The Dial－a－Ride Problem with Transfers [J]. Computers & Operations Research, 2014, 41 (1): 12-23.

[100] Matai Rajesh. Solving Multi Objective Facility Layout Problem by Modified Simulated Annealing [J]. Applied Mathematics & Computation, 2015 (261): 302-311.

[101] Mauttone A., Urquhart M. E. A Route Set Construction Algorithm for the Transit Network Design Problem [J]. Computer Operational Research, 2009, 36 (8): 2440-2449.

[102] Medina O., Arturo S. Inferring Weekly Primary Activity Patterns Using Public Transport Smart Card Data and a Household Travel Survey [J]. Travel Behaviour & Society, 2016 (12): 93-101.

[103] Miettinen K. Nonlinear multi－objective optimization [M]. Berlin: Springer, 2012.

[104] Miller-Hooks E. D. Adaptive Least-Expected Time Paths in Stochastic, Time - Varying Transportation and Data Networks [J]. Networks, 2001 (37): 35-52.

[105] Miranda D. M., Conceio S. V. The Vehicle Routing Problem with Hard Time Windows and Stochastic Travel and Service Time [J]. Expert Systems with Applications: An International Journal, 2016 (64): 104-116.

[106] Mladenović N., Hansen P. Variable Neighborhood Search [J]. Computers & Operations Research, 1997, 24 (11): 1097-1100.

[107] Mokhtari N. A., Ghezavati V. Integration of Efficient Multi-Objective Ant-Colony and a Heuristic Method to Solve a Novel Multi-Objective Mixed Load School Bus Routing Model [J]. Applied Soft Computing, 2018 (68): 92-109.

[108] Muelas S., La Torre A., Peña J. M. A Variable Neighborhood Search Algorithm for the Optimization of a Dial-a-Ride Problem in a Large City [J]. Expert Systems with Applications, 2013, 40 (14): 5516-5531.

[109] Munizaga M. A., Palma C. Estimation of a Disaggregate Multimodal Public Transport Origin-Destination Matrix from Passive Smartcard Data from Santiago, Chile [J]. Transportation Research Part C: Emerging Technologies, 2012 (24): 9-18.

[110] Murray A. T. Strategic Analysis of Public Transport Coverage [J]. Socio-Economic Planning Sciences, 2001, 35 (3): 175-188.

[111] Nakamura Y., Taniguchi E., Yamada T., et al. Selecting a Dynamic and Stochastic Path Method for Vehicle Routing and Scheduling Problems [J]. Procedia Social and Behavioral Sciences, 2010 (2): 6042-6052.

[112] Nasibov E., Diker A. C., Nasibov E. A Multi-Criteria Route Plan-

ning Model based on Fuzzy Preference Degrees of Stops [J]. Applied Soft Computing, 2016 (49): 13-26.

[113] Nayeem M. A., Rahman K., Rahman M. S. Transit Network Design by Genetic Algorithm with Elitism [J]. Transportation Research Part C: Emerging Technologies, 2014, 46 (9): 30-45.

[114] Nebro A. J., Durillo J. J., Luna F., et al. MOCELL: A Cellular Genetic Algorithm for Multiobjective Optimization [J]. International Journal of Intelligent Systems, 2009, 24 (7): 726-746.

[115] Nie Y., Wu X. Shortest Path Problem Considering On-Time Arrival Probability [J]. Transportation Research Part B: Methodological, 2009 (43): 597-613.

[116] Ning W. K., Guo B. L., Yan Y. Y., et al. Constrained Multi-Objective Optimization Using Constrained Non-Dominated Sorting Combined with an Improved Hybrid Multi-Objective Evolutionary Algorithm [J]. Engineering Optimization, 2017 (12): 1-20.

[117] Ouertani N., Ben-Romdhane H., Krichen S. A Decision Support System for the Dynamic Hazardous Materials Vehicle Routing Problem [J]. Operational Research, 2020 (5): 1-26.

[118] Parragh S. N., Doerner K. F., Hartl R. F. A Survey on Pickup and Delivery Problems [J]. Management Review Quarterly, 2008, 58 (1): 21-51.

[119] Parragh S. N., Doerner K. F., Hartl R. F. Variable Neighborhood Search for the Dial-a-Ride Problem [J]. Computers & Operations Research, 2010, 37 (6): 1129-1138.

[120] Parvasi S. P., Mahmoodjanloo M., Setak M. A Bi-Level School Bus

Routing Problem with Bus Stops Selection and Possibility of Demand Outsourcing [J]. Applied Soft Computing, 2017 (14): 222-238.

[121] Pelletier M. P., Trepanier M., Morency C. Smart Card Data Use in Public Transit: A Literature Review [J]. Transportation Research Part C: Emerging Technologies, 2011, 19 (4): 557-568.

[122] Pelzer D., Xiao J., Zehe D., et al. A Partition-Based Match-Making Algorithm for Dynamic Ridesharing [J]. IEEE Transactions on Intelligent Transportation Systems, 2015, 16 (5): 2587-2598.

[123] Polak J. W. The Influence of Alternative Traveller Learning Mechanisms on the Dynamics of Transport Systems [J]. Transportation Planning Methods, 1998 (1): 83-95.

[124] Pureza V., Reinaldo M., Marc R. Vehicle Routing with Multiple Deliverymen: Modeling and Heuristic Approaches for the VRPTW [J]. European Journal of Operational Research, 2012, 218 (3): 636-647.

[125] Qu B. Y., Suganthan P. N. Constrained Multi-Objective Optimization Algorithm with an Ensemble of Constraint Handling Methods [J]. Engineering Optimization, 2011, 43 (4): 403-416.

[126] Rajabi-Bahaabadi M., Shariat-Mohaymany A., Babaei M., Ahn C. W. Multi-Objective Path Finding in Stochastic Time-Dependent Road Networks Using Non-Dominated Sorting Genetic Algorithm [J]. Expert Systems with Applications, 2015, 42 (12): 5056-5064.

[127] Rakesh A., Babu B. V. Non-Dominated Sorting Differential Evolution (NSDE): An Extension of Differential Evolution for Multi-Objective Optimization [EB/OL]. https: //www. researchgate. net.

[128] Ren Y., Chen G., Han Y., et al. Extracting Potential Bus Lines of Customized City Bus Service based on Public Transport Big Data [EB/OL]. https: //iopscience. iop. org.

[129] Riera-Ledesma J., Salazar-Gonzalez J. J. A Column Generation Approach for a School Bus Routing Problem with Resource Constraints [J]. Computers & Operations Research, 2013, 40 (2): 566-583.

[130] Riera-Ledesma J., Salazar-Gonzalez J. J. Solving School Bus Routing Using the Multiple Vehicle Traveling Purchaser Problem: A Branch-and-Cut Approach [J]. Computers & Operations Research, 2012, 39 (2): 391-404.

[131] Ropke S., Cordeau J. F. Branch and Cut and Price for the Pick-up and Delivery Problem with Time Windows [J]. Transportation Science, 2009 (43): 267-286.

[132] Ropke S., Cordeau J. F., Laporte G. Models and a Branch-and-Cut Algorithm for Pick-up and Delivery Problems with Time Windows [J]. Networks, 2007, 49 (4): 258-272.

[133] Ropke S., Pisinger D. An Adaptive Large Neighbourhood Search Heuristic for the Pick-up and Delivery Problem with Time Windows [J]. Transportation Science, 2006, 40 (4): 455-472.

[134] Salamanis A., Margaritis G., Kehagias D. D., et al. Identifying Patterns under Both Normal and Abnormal Traffic Conditions for Short-Term Traffic Prediction [J]. Transportation Research Procedia, 2017 (22): 665-674.

[135] Schittekat P., Kinable J., Sörensen K., et al. A Metaheuristic for the School Bus Routing Problem with Bus Stop Selection [J]. European Journal of Operational Research, 2013, 229 (2): 518-528.

[136] Schwanen T., Ettema D. Coping with Unreliable Transportation When Collecting Children: Examining Parents' Behavior with Cumulative Prospect Theory [J]. Transportation Research Part A: Policy and Practice, 2009, 43 (5): 511-525.

[137] Shen W., Lopes C. V., Crandall J. W. An Online Mechanism for Ridesharing in Autonomous Mobility-on-Demand Systems [EB/OL]. https://arxiv.org/pdf/1603.02208v3.pdf.

[138] Shiftan Y., Vary D., Geyer D. Demand for Park Shuttle Services-A Stated-Preference Approach [J]. Journal of Transport Geography, 2006, 14 (1): 52-59.

[139] Shinde S. K., Kulkarni U. V. Hybrid Personalized Recommender System Using Fast K-Medoids Clustering Algorithm [J]. Journal of Advances in Information Technology, 2011, 2 (3): 152-158.

[140] Shinde T., Thombre B. An Implementation of Genetic Algorithm Approach to Solve Carpool Service Problem Using Cloud Computing [J]. International Journal of Advance Research in Computer Science and Management Studies, 2016, 4 (6): 360-364.

[141] Skriver A. J., Andersen K. A. A Label Correcting Approach for Solving Bicriterion Shortest-Path Problems [J]. Computers & Operations Research, 2000, 27 (6): 507-524.

[142] Smith S. L., Pavone M., Bullos, F., et al. Dynamic Vehicle Routing with Priority Classes of Stochastic Demands [J]. SIAM Journal on Control and Optimization, 2010, 48 (5): 3224-3245.

[143] Spada M., Bierlaire M., Liebling T. Decision-Aiding Methodology for

the School Bus Routing and Scheduling Problem [J] . Transportation Science, 2005, 39 (4): 477-490.

[144] Sumalee A., Uchida K., Lam H. K. W. Stochastic Multi-Modal Transport Network under Demand Uncertainties and Adverse Weather Condition [J]. Transportation Research Part C: Emerging Technologies, 2011, 19 (2): 338-350.

[145] Sune D., Henning H., Mette A., et al. The Association between Access to Public Transportation and Self-Reported Active Commuting [J] . International Journal of Environmental Research and Public Health, 2014, 11 (12): 12632-12651.

[146] Szeto W., Jiang Y. Transit Route and Frequency Design: Bi-Level Modeling and Hybrid Artificial Bee Colony Algorithm Approach [J] . Transportation Research Part B: Methodological, 2014 (67): 235-263.

[147] Tian L. J., Huang H. J., Gao Z. Y. A Cumulative Perceived Value-Based Dynamic User Equilibrium Model Considering the Travelers' Risk Evaluation on Arrival Time [J] . Networks & Spatial Economics, 2012, 12 (4): 589-608.

[148] Tnt A., Kd B., MD B. Revised DBSCAN Algorithm to Cluster Data with Dense Adjacent Clusters - ScienceDirect [J] . Chemometrics and Intelligent Laboratory Systems, 2013 (120): 92-96.

[149] Toth P., Vigo D. Heuristic Algorithms for the Handicapped Persons Transportation Problem [J] . Transportation Science, 1997 (31): 60-71.

[150] Tsao H., Eirinaki M. A Human-Centered Credit-Banking System for Convenient, Fair and Secure Carpooling among Members of an Association [J] . Procedia Manufacturing, 2015 (3): 3599-3606.

[151] Tversky A., Kahneman D. Advances in Prospect Theory: Cumulative Representation of Uncertainty [J]. Journal of Risk and Uncertainty, 1992, 5 (4): 297-323.

[152] Tzeng G. H., Cheng H. J., Huang T. D. Multi-Objective Optimal Planning for Designing Relief Delivery Systems [J]. Transportation Research Part E: Logistics & Transportation Review, 2007, 43 (6): 673-686.

[153] Unsal O., Yigit T. Using the Genetic Algorithm for the Optimization of Dynamic School Bus Routing Problem [EB/OL]. https: //www. semanticscholar. org.

[154] Wang X. P., Wang M., Ruan J. H., et al. Multi-Objective Optimization for Delivering Perishable Products with Mixed Time Windows [J]. Advances in Production Engineering & Management, 2018, 3 (13): 321-332.

[155] Wang X., Agatz N., Erera A. Stable Matching for Dynamic Ride-Sharing Systems [J]. Transportation Science, 2018, 52 (4): 850-867.

[156] Wang X., Dessouky M., Ordonez F. A Pickup and Delivery Problem for Ridesharing Considering Congestion [J]. Transportation Letter, 2016, 8 (5): 259-269.

[157] Wassan N., Wassan N. A., Nagy G., et al. The Multiple Trip Vehicle Routing Problem with Backhauls: Formulation and a Two-Level Variable Neighbourhood Search [J]. Computers & Operations Research, 2017, 78 (C): 454-467.

[158] Wen C. H., Wu W. N., Fu C. Preferences for Alternative Travel Arrangements in Case of Major Flight Delays: Evidence from Choice Experiments with Prospect Theory [J]. Transport Policy, 2019 (83): 111-119.

[159] Winter S., Nittel S. Ad-Hoc Shared-Ride Trip Planning by Mobile Geosensor Networks [J]. International Journal of Geographical Information Science, 2006, 20 (8): 899-916.

[160] Wu W., Ng W. S., Krishnaswamy S., et al. To Taxi or Not to Taxi? -Enabling Personalised and Real-Time Transportation Decisions for Mobile Users [EB/OL]. https://ieeexplore.ieee.org/abstract/document/6341410.

[161] Xing X., Warden T., Nicolai T., Herzog O. Smize: A Spontaneous Ride-Sharing System for Individual Urban Transit [EB/OL]. https://page-one.springer.com/pdf/preview/10.1007/978-3-642-04143-3-15.

[162] Xu H., Lou Y., Yin Y., et al. A Prospect-Based User Equilibrium Model with Endogenous Reference Points and Its Application in Congestion Pricing [J]. Transportation Research Part B: Methodological, 2011, 45 (2): 311-328.

[163] Yang J., Jiang G. Development of an Enhanced Route Choice Model based on Cumulative Prospect Theory [J]. Transportation Research Part C: Emerging Technologies, 2014 (47): 168-178.

[164] Yang S., Wang J., Shi L., et al. Engineering Management for High-End Equipment Intelligent Manufacturing [J]. Frontiers of Engineering Management, 2018, 5 (4): 420-450.

[165] Yang Y., Liu J., Tan S., et al. A Multi-Objective Differential Evolutionary Algorithm for Constrained Multi-Objective Optimization Problems with Low Feasible Ratio [J]. Applied Soft Computing, 2019 (80): 42-56.

[166] Yigit T., Unsal O. Using the Ant Colony Algorithm for Real-Time Automatic Route of School Buses [J]. The International Arab Journal of Information Technology, 2016, 13 (5): 559-565.

[167] Yuan N. J., Zheng Y., Zhang L., et al. T-Finder: A Recommender System for Finding Passengers and Vacant Taxis [J]. IEEE Transactions on Knowledge and Data Engineering, 2013, 25 (10): 2390-2403.

[168] Zhang C., Liu T. L., Huang H. J., Chen J. A Cumulative Prospect Theory Approach to Commuters' Day-to-Day Route-Choice Modeling with Friends' Travel Information [J]. Transportation Research Part C: Emerging Technologies, 2018 (86): 527-548.

[169] Zhao F., Chow L. F., Li M. T., et al. Forecasting Transit Walk Accessibility: Regression Model Alternative to Buffer Method [J]. Transportation Research Record Journal of the Transportation Research Board, 2003 (1835): 34-41.

[170] Zhao L. Y., Yang C. Mode Choice with Cumulative Prospect Theory under Uncertainty [C]. The 10th International Conference of Eastern Asia Society for Transportation Studies, 2013.

[171] Zhao Q., Wang W., De Souza R. A Heterogeneous Fleet Two-Echelon Capacitated Location-Routing Model for Joint Delivery Arising in City Logistics [J]. International Journal of Production Research, 2017 (7): 1-19.

[172] Zheng Y., Chen Y., Li Q., et al. Understanding Transportation Modes based on GPS Data for Web Applications [J]. Transportation Research Part C: Emerging Technologies, 2010, 101 (2019): 233-253.

[173] Zhou Aoying, Zhou Shuigeng, Cao Jing, et al. Approaches for Scaling DBSCAN Algorithm to Large Spatial Databases [J]. Journal of Computer Science and Technology, 2000, 15 (6): 509-526.

[174] Zhu L., Rousseau L. M., Rei W., et al. Paired Cooperative Reopti-

mization Strategy for the Vehicle Routing Problem with Stochastic Demands [J]. Computers & Operations Research, 2014 (50): 1-13.

[175] Zitzler E., Laumanns M., Thiele L. SPEA2: Improving the Strength Pareto Evolutionary Algorithm [EB/OL]. https: //kdd. cs. ksu. edu/Courses/CIS830/Handouts/p8. pdf.

[176] Zitzler E., Thiele L. Multiobjective Evolutionary Algorithms: A Comparative Case Study and the Strength Pareto Approach [J]. IEEE Transactions on Evolutionary Computation, 1999, 3 (4): 257-271.

[177] 胡学文，何保红，何民，等．美国辅助公交发展政策初探 [J]．求知，2015 (11): 119-125.

[178] 李香静，刘向龙，刘好德，等．我国城市交通规划模型研究应用现状及发展趋势 [J]．交通运输研究，2016 (4): 29-37.

[179] 李阳．需求不确定的车辆路径问题模型与算法研究 [D]．大连：大连海事大学，2018.

[180] 孟斌，郑丽敏，于慧丽．北京城市居民通勤时间变化及影响因素 [J]．地理科学进展，2011，30 (10): 1218-1224.

[181] 邱果．基于乘客出行方式选择的定制公交线路设计优化方法研究 [D]．北京：北京交通大学，2019.

[182] 沈弼龙，赵颖，黄艳，等．大数据背景下动态共乘的研究进展 [J]．计算机研究与发展，2017，54 (1): 34-49.

[183] 谭卫民．基于汽车的共享出行匹配和车辆调度优化 [D]．合肥：合肥工业大学，2020.

[184] 吴栋栋，邵毅，景谦平．北京交通拥堵引起的生态经济价值损失评估 [J]．生态经济，2013 (4): 77-81.

［185］吴静娴．城市内部迁居个体通勤方式和通勤时间变化特性与机理研究［D］．南京：东南大学，2018.

［186］张凯，陆钧，孙跃．基于位置云技术的智能拼车匹配系统设计［J］．电子技术应用，2013，39（8）：20-23.

［187］张薇，何瑞春．基于前景理论的居民出行方式选择［J］．计算机应用，2014，34（3）：749-753.